Udo Haeske

Kommunikation mit Kunden

Kundengespräch, After Sales und Reklamation

POCKET BUSINESS

Cornelsen

Verlagsredaktion: Erich Schmidt-Dransfeld
Technische Umsetzung: Holger Stoldt, Düsseldorf
Umschlaggestaltung: Ulrike Kuhr / Ellen Meister, Berlin
Titelfoto: © Stefan Wagner, Berlin

Informationen über Cornelsen Fachbücher und Zusatzangebote:
www.cornelsen.de/berufskompetenz

3. Auflage

Druck: Druckhaus Thomas Müntzer, Bad Langensalza

ISBN 978-3-589-23836-1

Inhalt gedruckt auf säurefreiem Papier
aus nachhaltiger Forstwirtschaft.

Inhalt

Einführung

Sie haben dieses Buch vermutlich zur Hand genommen, weil der Umgang mit Kunden zu Ihrem Beruf gehört und Sie daran interessiert sind, einige Tipps und Anregungen zu erhalten, wie Sie Ihre Arbeit besser oder leichter gestalten können.

Wenn Sie eine Führungskraft sind, dann werden Ihnen alle Kapitel des Buches unterschiedliche Zugänge zum Thema eröffnen. Wenn Sie ein Mitarbeiter im Service sind, werden Sie ab dem zweiten Kapitel angesprochen. Das erste Kapitel wendet sich in erster Linie an Verantwortliche. Sie können es überspringen oder interessehalber lesen. Hier ein kurzer Überblick zur Orientierung:

Kapitel 1 beschäftigt sich mit grundlegenden Fragen der Kundenbindung, der Kundensegmentierung und der Positionierung des Themas im Unternehmen. Mitarbeiter im Servicekontakt handeln nie losgelöst von der Firmenkultur, und die Frage, welchen Stellenwert das Thema Kundenorientierung hat, beeinflusst maßgeblich die Qualität ihrer Bemühungen.

In Kapitel 2 werden Grundlagen der Serviceorientierung gelegt, die im direkten Kundenkontakt genutzt werden können. Es geht einerseits um die Frage, was Kunden eigentlich in Bezug auf den Service von Unternehmen erwarten. Andererseits wird ein Modell vorgestellt, das es Ihnen erleichtert, Kunden rasch einzuschätzen, um Ihr Verhalten entsprechend anzupassen.

In Kapitel 3 lernen Sie das Telefon-Kompetenz-Rad kennen, mit dessen Hilfe Sie Ihre Kundenkommunikation am Telefon systematisch aufbauen können. Da das Telefon sowohl im Service als auch in Verkaufsgesprächen eine wichtige Rolle spielt, profitieren beide Berufsgruppen von diesem Kapitel.

Kapitel 4 vertieft diesen Aspekt noch einmal und alle Leser, die Anregungen für Verkaufsgespräche wünschen, erhalten

hier eine übersichtliche Gesprächsroutine, dies für eine erfolgreichere Kundenansprache und für mehr Geschäftsabschlüsse.
Kapitel 5 schließt diesen kompakten Band mit zahlreichen Tipps zur Beschwerdebearbeitung ab – wahrscheinlich die schwierigsten Gespräche im Kundenkontakt. Die Modelle, die Sie in den vorangegangenen Kapiteln kennen gelernt haben, werden dort genutzt und auf die Kommunikation mit Beschwerdeführern übertragen.
In diesem Buch werden „Uhren“ und „Räder“ genutzt, die sich im Seminar bewährt haben und bereits in den vorangegangenen Auflagen enthalten waren und auf sehr positive Resonanz der Leser/innen gestoßen sind. Sie transportieren die Inhalte optisch und inhaltlich einprägsam.
Hinzugekommen sind einige verdichtete Erfahrungen, die als Zitate eingestreut wurden und durchaus zum Widerspruch und zu eigenen Gedanken anregen sollen.

Danke, dass Sie sich für das Buch entschieden haben. Viel Freude beim Lesen und viel Erfolg bei der Anwendung der vorgeschlagenen Techniken.

1 Strategische Überlegungen für Führungskräfte

Was Sie erreichen wollen und können

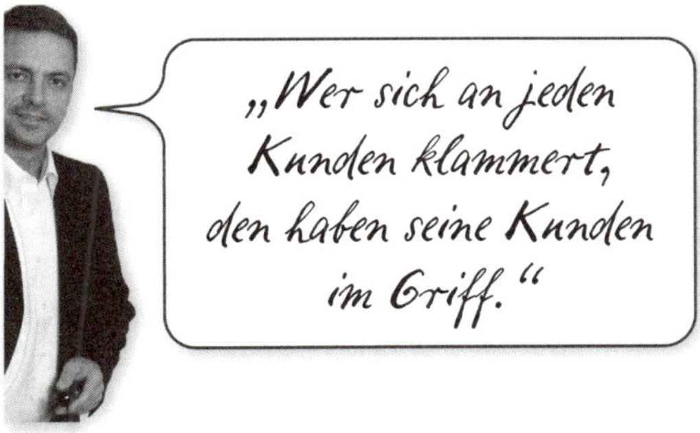

Dieses Kapitel widmet sich grundlegenden strategischen Fragen der Kundenorientierung, die für Vorgesetzte besonders wichtig sind. Führungskräfte und Unternehmer, die sich mit dem Thema beschäftigen, sollten einige Fragen beantworten können, um ihren Mitarbeitern klare Orientierung zu geben, woran diese ihr Verhalten im konkreten Kundenkontakt ausrichten können. Was heißt für unsere Organisation Kundenorientierung? Welche Gruppen sind uns als Kunde besonders wichtig? Welche Art von Kunden können und wollen wir langfristig binden? Wie kann man eine systematische und strukturierte Servicestrategie entwickeln?

Je klarer die Leitlinien im Umgang mit Kunden auf der Ebene der Verantwortlichen abgestimmt sind, je entschiedener sie „von oben" vertreten, verfolgt und evaluiert werden, desto sicherer fühlen sich die Mitarbeiter und desto erfolgreicher gelingt die Umsetzung. Vorgesetzte auf den unteren und mittleren Ebenen sichern den Erfolg ihrer eigenen Abteilung, eine bessere Kommunikation mit dem Kunden zu erreichen, deshalb mehr, wenn sie gegenüber ihren eigenen Vorgesetzten in diesem Sinne aktiv werden und beharrlich bleiben, als wenn sie frustriert die Mitarbeiter zu mehr Freundlichkeit auffordern oder Trainings zur Kundenorientierung veranstalten, in denen Verhaltensweisen trainiert werden, die am Arbeitsplatz dann nicht honoriert werden.

1.1 Was verstehen wir unter Kundenorientierung?

Der Blick in die Literatur und die Erfahrungen aus der Praxis zeigen eine hohe Interpretationsvielfalt, was den Begriff Kundenorientierung anlangt. In diesem Praxisleitfaden soll die wissenschaftliche Debatte um Definitionen und ihre Unschärfen nicht interessieren. Es geht darum, Überlegungen anzustellen, Instrumente vorzustellen und Techniken zu beschreiben, die für den Umgang mit dem Kunden in der Praxis von Bedeutung sind.
Im Assoziationsraum des Begriffs Kundenorientierung liegen Begriffe wie: Kundenbindung, Produktqualität, Prozesse der Dienstleistungserbringung, Bonus- oder Treueprogramme zur Bindung von Kunden, Gestaltung eines ansprechenden Kauferlebnisses, Verhalten des Personals, Behandlung von Beschwerden, Öffentlichkeitsarbeit gegenüber dem Kunden, etc. Das ist ein breites Spektrum.

> Dieser Band versteht unter „Kundenorientierung“ und „Serviceorientierung“ das Gleiche.

Wir beschränken uns allerdings ausschließlich auf die Betrachtung der direkten Interaktionen zwischen den Menschen. Es geht also darum, die Erwartungen der Kunden bezüglich des Verhaltens zu kennen, das Verhalten der Kunden im Dialog und der Begegnung besser einschätzen zu können und adäquat reagieren zu können, mit dem Ziel, dass der Kunde nicht unzufrieden über die Behandlung ist, die ihm widerfahren ist. Hier wird bewusst nicht davon ausgegangen, dass jeder Servicemitarbeiter jeden Morgen jeden Kunden euphorisieren muss. Wir werden später bei den Kundentypen sehen, dass das nicht einmal jeden Kunden glücklich machen würde. Erfolgreicher Service wird oft gar nicht wahrgenommen und das wird manchmal sogar erwartet. Oder der Service wird erst dann wahrgenommen und vermisst, wenn er einmal fehlt. Daraus entsteht ein Dilemma, aber man kann auch nicht alle Leistungen, die man als Service erbringt, marketinggerecht kommunizieren, ohne Gefahr zu laufen, dass der Service dann als bloße Masche erkannt und abgewertet wird.

Kunden- und Serviceorientierung

Dieser Auffassung von Kundenorientierung liegt zu Grunde, dass die Erwartungen des Kunden zumindest berücksichtigt werden. Das ist schon in dem Begriff „Orientierung" enthalten. Kundenerwartungen unterliegen aber über die Zeit einem Wandel und können andererseits je nach Kundengruppe bei einem bestimmten Kunden je nach zu erwerbendem Produkt oder einer Dienstleistung sehr differieren. Deshalb ist es einerseits notwendig, hin und wieder zu prüfen, ob das eigene Unternehmen noch den Puls der Kunden spürt. Andererseits erfordert das, die in diesem Buch besprochenen Instrumente eigenen Bedürfnissen gezielt anzupassen. Und schließlich sei darauf hingewiesen, dass es notwendig ist, das organisationseigene Verständnis von Kunden- oder Serviceorientierung den Mitarbeitern gegenüber eindeutig zu kommunizieren. Es geht darum, das Problem zu vermeiden, dass alle meinen, über das Gleiche zu reden, in Wirklichkeit jedoch nur über das Gleiche reden, aber etwas ganz Unterschiedliches meinen.

1.2 Kunden fest binden oder Kunden festbinden?

Auch wenn es ärgerlich ist, dass ein Kunde zum Wettbewerber wechselt, scheint es ein branchenunabhängiges Phänomen zu sein. Man sollte in diesem Zusammenhang beachten, dass Aussagen der Kunden über ihre Zufriedenheit keine Vorhersage erlauben, wie hoch die Bindungsbereitschaft dieser Kunden in einer konkreten Kaufsituation ist. Bei hochpreisigen Investitionsgütern mit einem langen Lebenszyklus ist dies folgenschwerer für das Unternehmen, als bei einem niedrigpreisigen Verbrauchsgut, weshalb sich die unternehmerischen Strategien unterscheiden werden, wie man mit der Wechselbereitschaft der Kunden umgeht.

Man muss feststellen, dass die meisten Produkte oder Dienstleistungen auch von Wettbewerbern angeboten werden – in der Regel in gleichwertiger Qualität und zu vergleichbaren Konditionen. Die Austauschbarkeit ist außerordentlich hoch und Alleinstellungsmerkmale sind dem Kunden schwer zu vermitteln, weil viele Unternehmen sie selbst kaum beschreiben können. Vielleicht hat das dazu geführt, dass manche Unternehmen ein Maßnahmen-Repertoire entwickelt haben, um die Hürden für die Wechselbereitschaft der Kunden zu erhöhen. Diese Maßnahmen zielen genau genommen nicht auf die Bindung des Kunden ab, sondern darauf, die Kunden am Weggehen zu hindern:

- Langfristige Vertragsbindungen (u.U. mit automatischer Vertragsverlängerung).
- Komplexe, schwer durchschaubare Tarifstrukturen, die Vergleiche erschweren.
- Etablierung aufwändiger Kündigungsprozeduren, die eine Vertragsauflösung erschweren.
- Wechselnde Preise oder Tarifsysteme, durch die Intransparenz erhöht wird.
- Periodische Anreiz-Aktionen, die die Attraktivität des Unternehmens in der Außendarstellung erhöhen.
- Bonusprogramme, um Treue der Kunden zu belohnen.
- Geschickte Selbstvermarktung und systematische Imagebildung in Produkt- und Unternehmensdarstellung.
- Minimierung und Technisierung der Kommunikationskanäle, durch die langwierige und aufwändige Dialoge zwischen Kunde und Unternehmen entstehen. Dadurch verringern sich systematisch die Möglichkeiten, auf persönliche Belange Rücksicht zu nehmen und kurz und schnell auf den Kunden zu reagieren.

Kundenorientiert sind viele dieser Maßnahmen also nicht – auch wenn es mit rhetorischem Geschick gelingen mag, sie so darzustellen. Nichtsdestotrotz sind sie im Sinne der Profitorientierung offensichtlich effektiv, weil sie sich alle die Trägheit des Kunden zu Nutze machen – die menschliche Neigung zur Bequemlichkeit.
Angesichts des Erfolgs dieser Strategien bleibt zu beweisen, inwieweit ein Verzicht auf diese profitorientierten Maßnahmen mit einem allein auf Kundenorientierung fokussierten Ansatz wettbewerbsfähig ist. Kombiniert sich ein kundenorientierter Ansatz allerdings mit herausragenden Produkten oder Dienstleistungen, dann zieht man automatisch Kunden an, statt sie am Weggehen zu hindern.

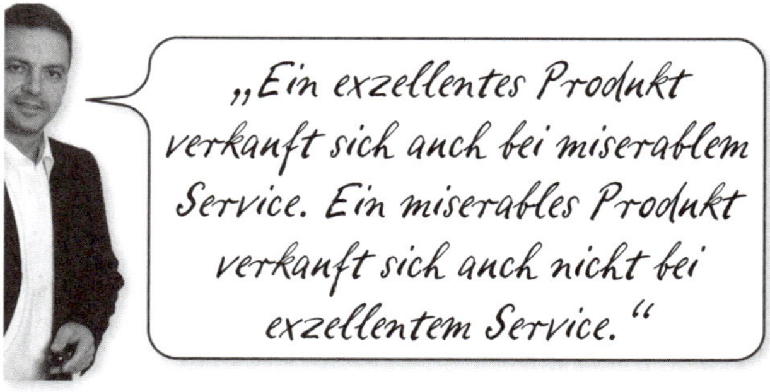

1.3 Bindung unterschiedlicher Kundengruppen

Ich schlage vor, davon auszugehen, dass Kunden nicht gleichermaßen daran interessiert sind, langfristige Bindungen zu einem Unternehmen einzugehen.
Diese Annahme scheint mir praxisrelevant zu sein, weil sie vor der Illusion bewahrt, dass ein erfolgreicher Umgang mit dem Kunden zwingend eine höhere Kundenbindung bewirkt.

Nehmen wir an, dass Kunden sich darin unterscheiden, inwiefern sie eine grundlegende Bereitschaft mitbringen, sich an Unternehmen zu binden. Nennen wir diesen Faktor Verbindlichkeit. Kunden, die auf dem gegenüberliegenden Ende positioniert sind, könnte man ungebunden nennen.

Verbindlich versus ungebunden
Personen mit einer hohen Verbindlichkeit streben nach Konstanz in ihrer Beziehung zu einem Vertragspartner im weitesten Sinne.
Sie streben tendenziell danach, den Aufwand und die Unsicherheiten zu vermeiden, die durch einen raschen Wechsel des Geschäftspartners zwangsläufig entstehen. Sie reagieren

eher und beenden eine einmal eingegangene Bindung erst dann, wenn es einen Anlass gibt, der ausreichend frustrierend ist.

Personen, die demgegenüber ungebunden sind, streben weniger nach Konstanz, als nach Abwechslung in ihren Beziehungen zu Vertragspartnern im weitesten Sinne.
Sie sind neugierorientierter und genießen die Belebung durch neue Kontakte, schätzen den Reiz, den ein Wechsel des Geschäftspartners bieten könnte. Sie agieren eher, statt zu reagieren, zeigen sich ungebunden und sind offen für neue Vertragsbeziehungen – unabhängig von positiver Erfahrung in der Vergangenheit.

Anspruchsvoll versus genügsam
Menschen unterscheiden sich auch hinsichtlich des Anspruchsniveaus, das sie gegenüber einem Produkt oder einer Dienstleistung haben.
Personen mit hohem Anspruch haben konkrete Vorstellungen darüber, wie ein Produkt oder eine Dienstleistung beschaffen sein muss. Je nach Person macht sich dies in der Differenziertheit der Ansprüche oder in der Vielzahl der Ansprüche bemerkbar. In jedem Fall legen Personen, die in ihrem Anspruchsniveau hoch eingeordnet werden können, strengen Wert auf die Erfüllung eigener Erwartungen an Produkt oder Dienstleistung.

Personen, die als genügsam beschrieben werden können, haben entweder kaum konkrete Vorstellungen darüber, welche „Ausstattung" im weitesten Sinne das Produkt oder die Dienstleistung haben soll. Oder diese Personen legen keinen gesteigerten Wert darauf, dass Erwartungen, die sie an ein Produkt haben, notwendigerweise erfüllt sein müssen. Sie sind also in ihrer Entscheidung nur in geringem Maße auf ihre Erwartungen fixiert.

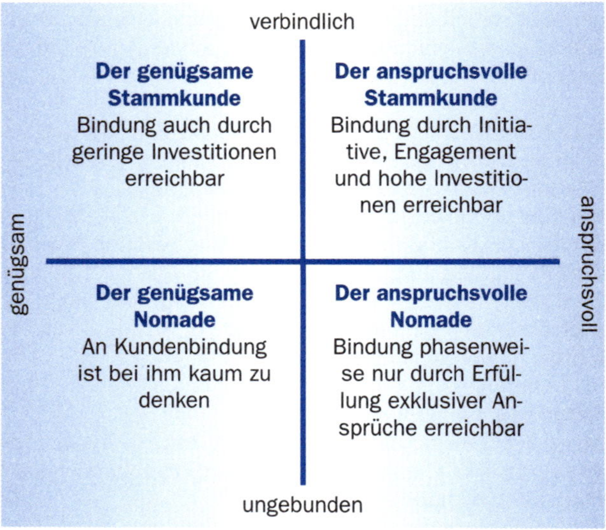

Kundengruppen und Kundenbindungsverhalten

Der genügsame Stammkunde

Diese Kundengruppe scheut den Aufwand, neues Terrain zu betreten, neue Geschäftsbeziehungen einzugehen. Die potenziellen Risiken schrecken eher ab. Da der Kunde außerdem keine unabdingbaren Forderungen an das Produkt oder die Dienstleistung stellt, fällt es ihm leicht, sich an das Angebot seines Geschäftspartners anzupassen.
Dieser Kunde ist ohne großen Aufwand zu binden. Er erwartet kein Bemühen und wird von sich aus zum Geschäftspartner zurückkehren, sobald er ein neues Kaufinteresse hat.

Der anspruchsvolle Stammkunde

Der anspruchsvolle Stammkunde scheut ebenfalls den Aufwand, die Geschäftsbeziehung zu verändern. Dies steht allerdings unter Umständen in Konflikt mit seinen ausgeprägt präzisen Ansprüchen. Kann der Geschäftspartner diese erfüllen, dann wird er treu bleiben. Kann der Geschäftspartner die Ansprüche nicht erfüllen, dann wägt der Kunde zwischen Treue und eigenen Ansprüchen ab. Das Ergebnis ist kaum sicher vorhersagbar, aber Initiativen, die auf die persönliche Bindung zu diesem Kunden zielen, erhöhen die Wahrscheinlichkeit, dass der Kunde Abstriche bei seinen Ansprüchen macht.

Der genügsame Nomade

Dieser Kunde hat nicht das Gefühl, an den Geschäftspartner gebunden zu sein. Er will es auch nicht. Er erlebt die Bindung überhaupt nicht als Vorteil. Deshalb wird er auch auf Bindungsinitiativen kaum ansprechen. Da seine Ansprüche vergleichsweise stark formbar sind, bindet er sich nicht an ein Produkt oder bestimmte Produkteigenschaften – zeigt also diesbezüglich hohe Offenheit. Diese Kunden wird man kaum binden können und ausgeklügelte Strategien versagen.

Der anspruchsvolle Nomade

Der anspruchsvolle Nomade lässt sich wegen seiner hohen und/oder präzisen Produkt- und Dienstleistungsanforderungen binden. Entscheidend ist hier nicht die persönliche Bindung an den Geschäftspartner. Solange jedoch die Qualität, der Preis, die Lieferbedingungen, die Exklusivität oder Ähnliches erfüllt werden, was der Kunde erwartet, und was man ihm bietet, hält dieser die Geschäftsbeziehung aufrecht. Dieser Kunde informiert sich also auch beim Wettbewerb und kommt nur solange zurück, wie seine Ansprüche erfüllt werden. Gebunden fühlt er sich nicht.

Diese Differenzierung unterschiedlicher Kundengruppen kann also erklären, dass nicht jeder Kunde gleichermaßen durch Initiativen zur Kundenbindung angesprochen werden kann, und dass es andererseits Kunden gibt, die diese Maßnahmen kaum benötigen.

Stellen Sie sich vor, ein Geschäft bietet ein Produkt an, das man auch in anderen Geschäften erwerben kann. Hinsichtlich des Anspruchs wird nichts ganz besonders bedient. Anspruchvolle Kunden werden also kaum erscheinen. Bleiben die genügsamen Stammkunden, die auch ohne Bindungsaktivitäten wiederkehren, und die nomadischen Verbraucher. Die Strategie des Unternehmens sollte es jetzt sein, Filialen so zu verteilen, dass die nomadischen Verbraucher ausreichend Gelegenheit finden, mal eben hier einzukaufen. Über einen anderen Effekt – die Gewohnheit – wird der nomadische Verkäufer dann vielleicht im Falle einer Wahlnotwendigkeit automatisch die Filiale des Unternehmens aufsuchen. Er wäre jedoch nicht persönlich gebunden.

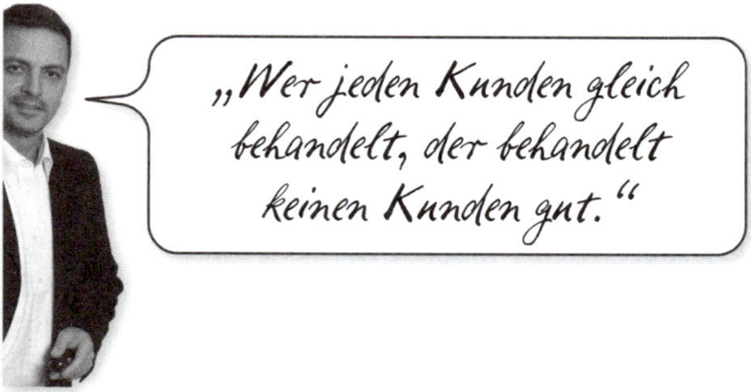

1.4 Welche Kunden sind profitabel?

Unter betriebswirtschaftlichen Gesichtspunkten stellt sich auch die Frage, welche Kunden man überhaupt binden will. Nicht jeder Kunde, zu dem man potenziell eine langfristige Bindung aufbauen könnte, ist gleichermaßen profitabel, obwohl er das gleiche Maß an Ressourcen bindet. Das Modell des Kundenportfolios (Hentschel 1991) stellt das Ertragspotenzial und den Kundenwert miteinander in Beziehung.

Ertragspotenzial		Kundenwert: niedrig	Kundenwert: hoch
	hoch	Fragezeichen-Kunden	Star-Kunden
	niedrig	Selektionskunden	Ertragskunden

Kundenportfolio

Während das Ertragspotenzial eines Kunden anhand von Kennzahlen relativ leicht kalkulierbar ist, setzt die Einschätzung des Kundenwertes eine ausführlichere Abwägung voraus. Dass die Kommunikation mit den Starkunden Exzellenz verlangt, die von Selektionskunden problemlos abgezogen werden kann, muss nicht betont werden. Wichtig scheint besonders, zu klären, wie man mit Ertragskunden und Fragezeichenkunden in Bezug auf das potenziell mögliche Servicerepertoire verfahren möchte.

1.5 Marktführerschaft durch Service?

Der Erfolg eines Unternehmens kommt nicht von ungefähr. Er setzt eine Strategie voraus, die konsequent verfolgt wird und die besser ist als der Wettbewerb. Treacy & Wiersema (1993) sind der Frage nachgegangen, wie erfolgreiche Unternehmen Wert und Nutzen für den Kunden schaffen. Sie haben drei unterschiedliche Nutzendisziplinen unterschieden, die ein Unternehmen verfolgen kann.

- Betriebliche Spitzenleistung: Damit ist gemeint, dass hochwertige Produkte oder Serviceleistungen zu wettbewerbsfähigen Preisen geboten werden und dass diese Produkte ohne große Umstände geliefert werden.

- Größtmögliche Kundennähe: Märkte werden präzise segmentiert und geeignete Nischen bestimmt, auf deren Anforderungen das eigene Angebot maßgenau zugeschnitten wird. In dieser Disziplin wird maßgenau geliefert, indem detaillierte Marktkenntnisse und betriebliche Flexibilität den Kundenwünschen angepasst werden.
- Unangefochtene Produktführung: In dieser Disziplin spielt Innovation die größte Rolle: Als Erster die neuesten Produkte am Markt etablieren und so den Wettbewerbern stets eine Nasenlänge voraus sein.

Treacy und Wiersema vertreten die These, dass Unternehmen sich in zwei Bereichen mindestens im Branchendurchschnitt bewegen müssen und nur in einer Disziplin Leistungsgrenzen zu erweitern brauchen, um besser als die Konkurrenz abzuschneiden.
Eine wichtige Beobachtung war, dass Unternehmen, die Marktführer wurden, ihr gesamtes Geschäftssystem konsequent auf die eine Nutzendisziplin ausgerichtet haben. Für die Disziplin Kundennähe setzt das natürlich voraus, dass man über sehr genaue Vorstellungen darüber verfügt, wer die eigenen Kunden sind, wie sie sich differenzieren, welche Erwartungen und Vorstellungen diese Kundensegmente unterscheidet, und was es braucht, um diese Kunden zu binden. Dass solche Unternehmen Mitarbeiter benötigen, die auf die individuellen Kundenbedürfnisse eingehen, spiegelt sich in der Personalauswahl und Personalentwicklung natürlich wider.
Die Ergebnisse von Treacy und Wiersema legen nahe, dass Kundennähe kein Muss ist! Wenn ein Unternehmen sich auf eine der beiden anderen Disziplinen konzentriert, dann kann das genauso zum Erfolg führen, wie eine Servicestrategie.

In den vorangegangenen Auflagen dieses Buches bin ich noch davon ausgegangen, dass langfristiger Erfolg nur möglich ist, wenn der Service mindestens ein durchschnittliches Niveau erreicht. Mittlerweile bin ich skeptisch, dass dies zutrifft. Was „langfristig“ und „durchschnittlich“ konkret bedeuten, ist kaum quantifizierbar und ein Blick auf die erfolgreichen, absatz- und profitstarken Unternehmen zeigt, dass deren Service selten durchschnittliche Qualität erreicht und ebenso selten am Kunden orientiert ist. Viel entscheidender sind erfolgreiche Produktinnovationen, die dem Zeitgeist entsprechen und die Bedürfnisse der Kunden treffen, sowie die Errichtung von Verteidigungsstrategien, die denMarkteintritt für Wettbewerber erschweren.

Die Kano-Analyse: Was begeistert Ihren Kunden?

Der Japaner Noriaki Kano hat eine wichtige Unterscheidung vorgestellt, wenn man prüfen möchte, ob Maßnahmen zur Steigerung der Produktqualität sich tatsächlich auf die Steigerung der Kundenzufriedenheit auswirken. Das Kano-Modell kann sicher auch auf Dienstleistungen übertragen werden und gibt nützliche Anregungen, um die richtigen Entscheidungen zu treffen, wie man den Service zuschneiden kann.
Das Kano-Modell (nach Herrmann et al., 2000; in ähnlicher Weise das „Diskonfirmations-Modell“, Stauss, 1999) unterscheidet drei Anforderungstypen:

Basisanforderungen

Basisanforderungen sind die Anforderungen, die ein Produkt unbedingt erfüllen muss. Wenn diese nicht erfüllt sind, dann wird der Kunde unzufrieden. Werden diese Erwartungen erfüllt, dann steigt damit nicht die Zufriedenheit, sondern die Unzufriedenheit wird lediglich vermieden. Man könnte es so verstehen: Erhalten Sie den bestellten Kaffee kalt, werden Sie kochen, erhalten Sie ihn heiß, wird Sie das kaltlassen.

Die Investition in Basisanforderungen sollte nur auf deren Erfüllung hinauslaufen. Verstärktes Engagement in Faktoren, die vom Kunden als Basisanforderderung wahrgenommen werden, sind verschwendete Mühen.

Leistungsanforderungen

Eine Steigerung der Faktoren, die als Leistungsanforderungen identifiziert werden, bewirkt beim Kunden ebenfalls eine Steigerung der Zufriedenheit. Kunden sind an Leistungsanforderungen ausdrücklich interessiert. Für das gleiche Geld mehr Ausstattung zu bekommen, gilt beispielsweise nach wie vor in Bezug auf Speicherkapazität bei PCs oder Speichersticks.

Eine Investition in Leistungsanforderungen scheint sich also besonders zu rentieren, weil damit auch die Kundenzufriedenheit proportional ansteigt.

Begeisterungsanforderungen

Über die ersten beiden Anforderungstypen hinaus gibt es Produkteigenschaften, die ein Kunde noch nicht kennt und deshalb auch nicht erwarten kann, die aber eine enthusiastische Reaktion hervorrufen können. Das iPhone ist ein Beispiel, das sowohl in seinem schlichten Design, der neuartigen Handhabung des Bedienfeldes, seiner leichten Handhabung sowie mit dem neu aufgeschlossenen Markt der Apps diesem Kriterium entspricht. Während die Erfüllung der Begeisterungsfaktoren einen überproportionalen Anstieg der Kundenzufriedenheit bewirkt, hat die Nichterfüllung keine Auswirkungen, da Erwartungen, die nicht existieren auch nicht enttäuscht werden können.

Begeisterungsanforderungen zu finden, ist der Traum jedes Unternehmens, gleicht aber der Suche nach der Nadel im Heuhaufen mit dem Unterschied, dass man nicht einmal weiß, ob sie überhaupt zu finden ist.

Grundsätzlich scheint es plausibel, die Differenzierung in die drei verschiedenen Anforderungstypen auch auf den Dienstleistungsbereich zu übertragen:

- Jeder Service kostet Geld, hat aber nicht immer Bedeutung.
- Weniger kann mehr sein, wenn man sich Gedanken macht, welcher Service Kundenzufriedenheit erhöht.
- Kunden können entsprechend ihrer Bedeutung mit zu-

geschnittenen Leistungsangeboten bedient werden, die für sie erkennbare Mehrwerte liefern.
- Eine kritische Analyse des eigenen Service könnte sogar die Reduktion der Bemühungen und Aufwendungen nahelegen, wenn Basisanforderungen bedient werden.

1.6 Service Blueprinting

Das Service Blueprinting wurde in den 80er-Jahren entwickelt, um Dienstleistungsangebote systematischer zu analysieren und zu planen. Ein Blueprint ist ein Abziehbild, ein Service Blueprint ein Ablaufdiagramm, das die Dienstleistung systematisch in Teilschritte zerlegt. Die Abbildung auf Seite 22 zeigt ein Beispiel. Die Erstellung des Blueprints erfolgt, indem man sich zunächst auf die zu analysierende Dienstleistung einigt. Das Beispiel mag bereits eine Idee davon vermitteln, dass man überschaubare Einheiten betrachten sollte, um nicht der Komplexität zum Opfer zu fallen. Definierter Anfang und Ende müssen festgelegt werden, bevor man beginnt, den Prozess abzubilden. Oft bietet sich an, unterschiedliche Handlungsbereiche durch Linien voneinander zu trennen, um beispielsweise Bereiche, die vom Kunden nicht gesehen werden können, von sichtbaren Bereichen zu trennen, oder den Aktivitätsbereich des Dienstleisters vom Aktivitätsbereich des Kunden zu trennen oder um unterschiedliche interne Bereiche voneinander zu trennen.

Das Service Blueprinting ist aus folgenden Gründen bedenkenswert:
- Durch einen Service Blueprint der Dienstleistung erhält man eine detaillierte Beschreibung des Dienstleistungsprozesses. Das Ergebnis ist die perfekte Grundlage zur systematischen Serviceanalyse und Serviceplanung.
- Die Erstellung des Blueprints dokumentiert anschaulich, an welchen Stellen Service möglich ist, wo er in welcher Form bereits geboten wird.

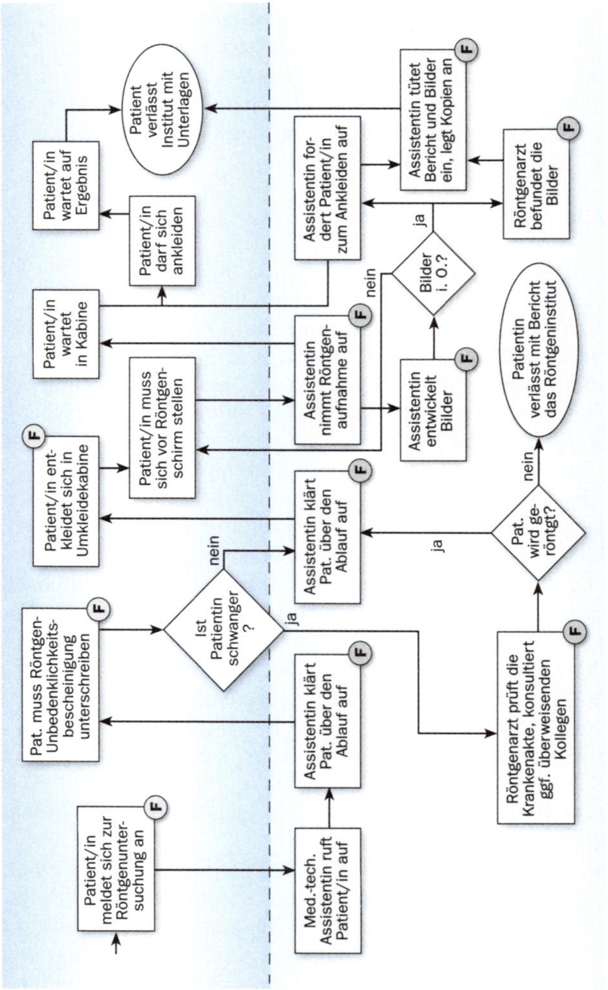

Service Blueprint (Quelle: Hoeth, U., Schwarz, W. (2002). Qualitätstechniken für die Dienstleistung, Hanser S. 53)

- Die Analyse des Blueprints zeigt die aktuellen Schwachstellen derzeitiger Servicebemühungen.
- Der Vergleich des eigenen Blueprints mit Wettbewerbern gibt oft Anregungen, an welchen Punkten die eigene Servicestrategie erweitert werden könnte.

1.7 Die Servicestrategie systematisch entwickeln

Der Stellenwert, den ein Unternehmen der Kundenorientierung zumisst, wird nach außen erkennbar sein. Unabhängig von der Ebene wird sie daran sichtbar,
- ob so etwas wie eine „Strategie“ gelebt wird,
- inwieweit explizit Standards konkretisiert sind,
- inwieweit Standards verbindlich eingehalten werden,
- inwieweit sie in die Personalbeurteilung einfließt.

Es ist nicht zwingend, dass auf Organisations- oder Abteilungsebene schriftliche Vereinbarungen über die eigenen Servicestandards existieren. Insbesondere in Kleinunternehmen oder auf Abteilungsebene wird oft ein „Servicegeist“ gelebt und im Tagesgeschäft durch gegenseitige Kontrolle immer wieder wechselseitig eingefordert, ohne dass dies schriftlich fixiert ist.

Die Kriterien der Serviceuhr im nächsten Kapitel können eine wertvolle Hilfe sein, die eigene Servicestrategie konsequenter und systematischer zu planen. Die Abbildung auf Seite 24 zeigt, in welchen Schritten man vorgehen kann.

A. Servicedimensionen

Die Klärung des organisationsinternen Serviceverständnisses (siehe Serviceuhr) und ein Service Blueprint bilden die Grundlage zu systematischer Datenerhebung und Datenvergleich im folgenden Schritt. Bezüglich der Serviceuhr gibt es möglicherweise Gründe, die eine oder andere Dimension auszuschließen, umzuformulieren oder zu ergänzen.

Beim Service Blueprinting erkennt man, dass man sich zunächst auf den ein oder anderen entscheidenderen Ausschnitt des Prozesses konzentrieren sollte, um den Überblick zu behalten. Wenn ein Service Blueprint zu aufwändig ist, kann man erst einmal mit der Serviceuhr beginnen.

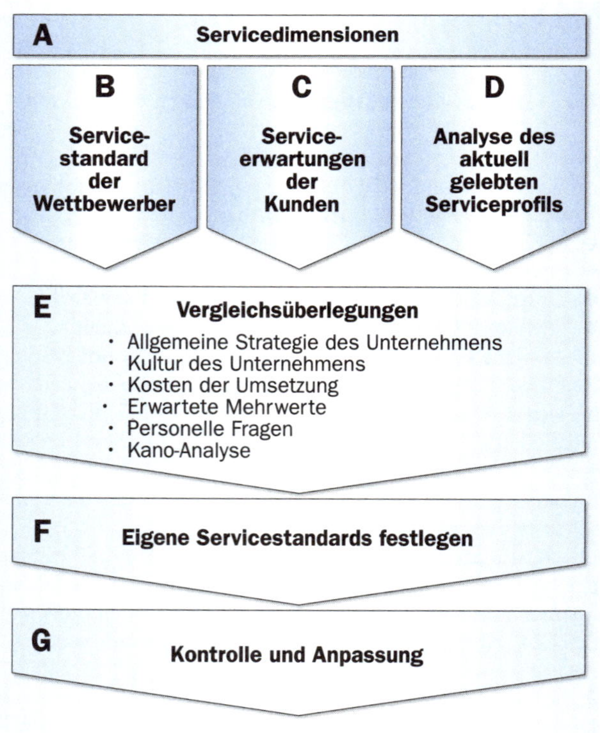

Entwicklung und Optimierung einer Servicestrategie

B. Servicestandards der Wettbewerber

Auf der Basis der relevanten Servicedimensionen kann ein Benchmarking anerkannter, wichtiger, oder interessanter Wettbewerber erfolgen. Wie systematisch und detailliert die Erhebung ist, hängt vom leistbaren Aufwand ab.

Das Ergebnis sollte jedenfalls ein aussagefähiges Profil sein, das später einen Vergleich erlaubt. Dazu bietet es sich an,

- mehrere Wettbewerber zu berücksichtigen,
- High Performer und Low Performer einzubeziehen, um ein breiteres Bild der Unterschiede und Eigenpositionierung zu erhalten,
- konkrete Beispiele für die Ausprägungen knapp zu dokumentieren,
- unterschiedliche Beurteiler einzubinden, um Verzerrungstendenzen zu minimieren.

C. Erwartungen der Kunden

Ohne zu wissen, welche konkreten Erwartungen die eigenen Kunden haben, ist es schwer möglich, kundenorientiert zu arbeiten. Selbstredend, dass man also auch verfügbare Quellen erschließen und ausschöpfen muss, die Aussagen über die Kundenerwartungen erlauben. Befragungen zur Kundenzufriedenheit, direkte Gespräche mit repräsentativen Vertretern der Zielgruppe, Analyse der Mitarbeitererfahrungen im Kundenkontakt sind Beispiele, sowie die Berücksichtigung der Erfahrungen aus Beschwerden, für Quellen in diesem Sinne. Auch hier sind die Servicedimensionen die Basis zur Kategorisierung der Daten.

D. Analyse des gelebten Serviceprofils

Auch wenn erst zuletzt auf die Analyse des Istzustandes eingegangen wird, sagt dies nichts über den Stellenwert aus. Natürlich steht am Anfang der Entwicklung einer Strategie die Erhebung des Status quo. Während man bei der Beurteilung des Wettbewerbs zum ausreichend kritischen Blick motiviert sein mag, könnte das Urteil des eigenen Serviceprofils zu großzügig und unkritisch ausfallen. Erwägen Sie deshalb, einen unabhängiges Fremdurteil hinzuzuziehen.

E. Vergleichsüberlegungen

Wenn die Daten aus den unterschiedlichen Blickwinkeln erhoben sind, sollte man nicht notwendigerweise danach streben, sofort zum Meister aller Klassen aufsteigen zu wollen. Der Erfolg Ihrer Strategie hängt davon ab, was machbar ist. Was Sie als Erfolg bezeichnen, hängt von Ihren Zielen ab. Ob Sie diese erreichen, hängt davon ab, was unter den gegebenen Umständen machbar ist, und was machbar ist, ist noch nicht unbedingt profitabel. Bevor man die Servicestrategie festlegt, sollte man also die Rahmenbedingungen berücksichtigen und prüfen, was einer kritischen Kosten-Nutzen-Analyse standhält.

F. Eigene Servicestandards festlegen

Nachdem die Vergleichsüberlegungen eingeflossen sind, sind die Voraussetzungen geschaffen, festzulegen, welche Servicedimensionen fokussiert betrachtet werden müssen, an welchen Kontaktpunkten man ansetzen sollte, und wie zeitliche Prioritäten gesetzt werden.

G. Kontrolle und Anpassung

Da Kundenerwartungen sich fortwährend wandeln, der Wettbewerb nicht schläft, Trägheit aber schnell einsetzt, wenn die ersten Umsetzungsetappen erreicht wurden, tut regelmäßige Auffrischung gut. Dazu durchläuft man erneut die Prozessschritte A bis F zur periodischen Kontrolle und Anpassung der Strategie.

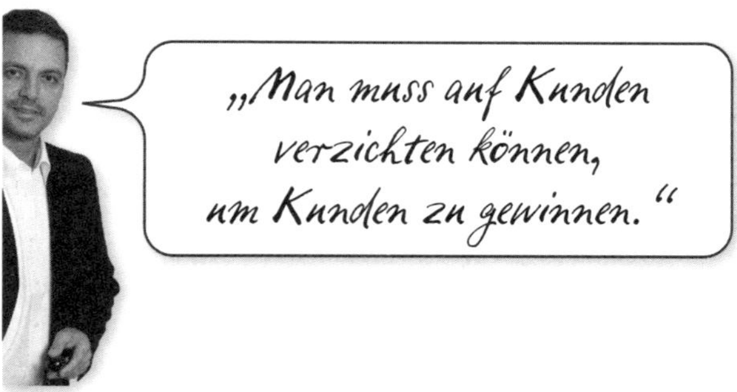

2 Kundenerwartungen und Kundentypen

Voraussetzungen für passende Ansprache

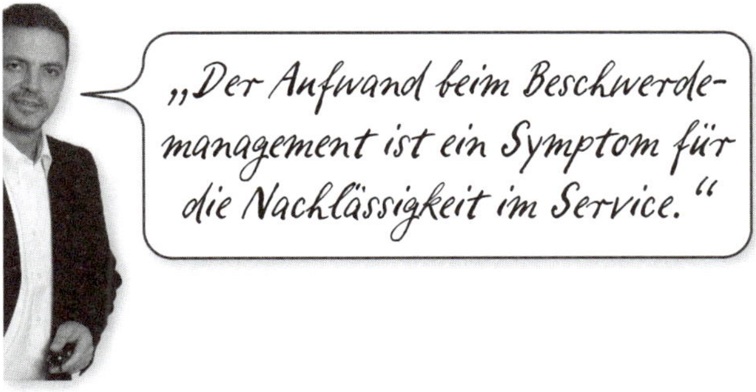

2.1 Die Serviceuhr – Was Kunden erwarten

Nicht die Erfüllung vorab bestimmter Servicekriterien ist es, was den Erfolg im Umgang mit den Kunden ausmacht, sondern die Erfüllung der Kriterien, die aus der Sicht des Kunden entscheidend sind. Die Kundenerwartung entscheidet also. Man könnte sagen, dass es nicht nur wichtig ist, etwas richtig zu tun, sondern entscheidend ist, das Richtige richtig zu tun. Damit schränkt sich die Auswahl der Dimensionen, hinsichtlich derer die Erwartungen des Kunden übertroffen werden sollten, in der Praxis ein. Für eine effektive und effiziente Servicestrategie ist dies eine gute Aussicht.
Um den Dienst am Kunden optimieren zu können, muss man Kriterien kennen, an denen man sich orientieren kann. Man braucht eine Antwort auf die Frage, was guten Service ausmacht und woran man ihn erkennen kann. Naheliegend ist, sich selbst als Kunde zu beobachten.

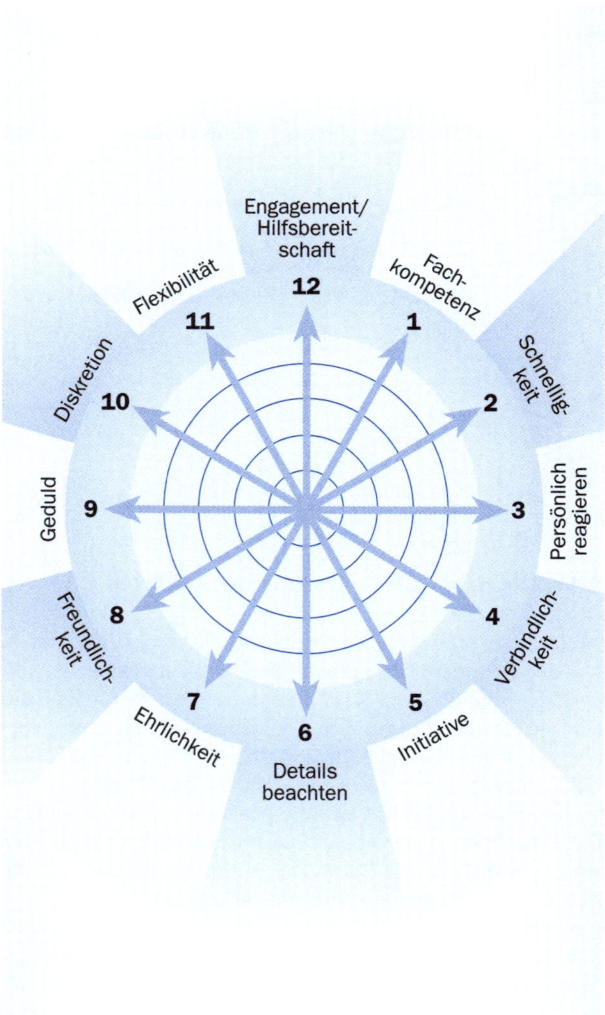

Die Serviceuhr – Zwölf Orientierungen für optimalen Service

Die folgende Übersicht versucht, Servicequalität durch die Festlegung auf einzelne beschreibbare Dimensionen festzulegen. Damit wird gewissermaßen eine Definition für Servicequalität vorgeschlagen. Sie soll Ihnen Unterstützung für Ihre Praxis bieten. Benutzen Sie die Aufzählung deshalb als Ausgangsbasis und nützliche Vorarbeit, um zu eigenen Definitionsbemühungen aufzubrechen. Das bedeutet:

- Passen Sie die Beschreibung der Dimensionen Ihren persönlichen Erfordernissen an, soweit dies notwendig ist.
- Gewichten Sie die Auswahl der Servicedimensionen, die Ihnen relevant erscheint, denn es ist unwahrscheinlich, dass alle Servicedimensionen den gleichen Einfluss haben, und die Gewichtung ist abhängig vom konkreten Arbeitsfeld.
- Verzichten Sie auf jene Servicedimensionen, die Ihre berufliche oder betriebliche Praxis nicht sinnvoll abbilden.
- Ergänzen Sie Servicedimensionen, die Ihnen unmittelbar sinnvoll erscheinen und die vielleicht nicht berücksichtigt wurden.

1. Fachkompetenz

Über eine schwache Fachkompetenz kann man schwer hinwegtäuschen. Durch gute Ausbildung und langjährige Erfahrung ergeben sich die Kenntnis von Zusammenhängen und das Wissen zur Lösung diffiziler Probleme, die dem Kunden das Gefühl geben, gut aufgehoben zu sein.

2. Schnelligkeit

Schnelligkeit bedeutet, dass man Lösungen so rasch wie möglich anbietet. Kunden, die warten müssen, fühlen sich nicht so gut behandelt wie solche, die rasch bedient werden. Und besonders schnell zu reagieren, strahlt eine hohe Servicekompetenz aus.

3. Persönlich sein

Persönlich zu sein, meint, die Individualität des Kunden im direkten Kontakt zu berücksichtigen, indem man den Namen des Kunden verwendet, biografische Fakten berücksichtigt, persönliche Wünsche erinnert und berücksichtigt – kurzum, indem man ihm wie einem Menschen begegnet, der einem sehr wichtig ist.

4. Verbindlichkeit
Verbindlich zu sein, bedeutet, feste Zusagen zu machen und diese auch einzuhalten. Konkret bedeutet das, präzise darin zu sein, wer was wann und wie macht, und dem Kunden zu vermitteln, dass er sich darauf verlassen kann.

5. Initiative
Guter Service ist auch daran zu erkennen, dass man aktiv wird, bevor der Kunde es erwartet, oder bevor er es einfordert. Wenn man erkennt, dass der Kunde etwas Spezielles wünscht oder benötigt und handelt, bevor der Wunsch formuliert wird. Andere Worte hierfür wären Zuvorkommen oder Engagement.

6. Details werden beachtet
Guter Service macht sich oft an Details fest: Die leicht lesbare Broschüre, leicht bedienbare Geräte, ein nützliches Werbegeschenk und vieles mehr. Wichtig ist, dass der Kunde erkennt, dass man sich in ihn hineinversetzt hat und ihm das Leben erleichtert.

7. Ehrlichkeit, wenn einmal ein Fehler passiert ist
Ehrlichkeit bedeutet nicht, dass man dem Kunden alles sagt, was man denkt. Manchmal ist eine Notlüge besser, wenn der Kunde sich wohlfühlt. Aber wenn einmal ein Fehler passiert ist, dann wird dies ohne Wenn und Aber eingestanden und eine Lösung angeboten.

8. Freundlichkeit
Freundlichkeit zeigt sich an der guten Laune der Mitarbeiter, an ihrem Lächeln, an ihrer Offenheit und ihrem erkennbaren Interesse, dem Kunden zu helfen.

9. Geduld
Den Anliegen des Kunden wird mit Geduld begegnet. Man hat als Kunde das Gefühl, dass sich jemand mit hundertprozentiger Aufmerksamkeit dem Kunden widmet, um seine Fragen oder Anliegen zu bearbeiten. Der Mitarbeiter vermittelt Sicherheit, weil er sich nicht aus der Ruhe bringen lässt.

10. Diskretion
Es wird sensibel wahrgenommen, wann die Privatsphäre des Kunden berührt ist. Es werden Vorkehrungen getroffen, dass sensible Informationen vor Dritten geschützt werden. Man fühlt sich als Kunde in dieser Hinsicht aufgehoben. Es besteht kein besonderer Bedarf, sich schützen zu müssen.

11. Flexibilität
Ungewöhnliche oder ausgefallene Wünsche des Kunden, die vom Standard der Leistungserbringung abweichen, werden interessiert wahrgenommen und mit kreativem Einsatz umzusetzen versucht.

12. Engagement/Hilfsbereitschaft
Hilfsbereitschaft drückt sich darin aus, dass mehr getan wird, als man als Kunde erwarten kann. Der Mitarbeiter, der eine dringende Lieferung auf dem Heimweg persönlich abgibt, der sich die Mühe macht, eine zusätzliche Information zu recherchieren und zuzusenden, das sind Beispiele für Engagement.

Die Übersicht der Servicedimensionen gibt Anregungen, worauf man achten kann, wenn man den Grad an Kundenorientierung

- im eigenen Verhalten beurteilen möchte,
- in der eigenen Abteilung einschätzen möchte und
- auf der Ebene der gesamten Organisation kategorisieren möchte.

Einige Leistungen, die aus Kundensicht guten Service ausmachen, sind Kombinationen aus den genannten Punkten. So ist es beispielsweise überraschend und für viele Kunden beeindruckend, wenn sie unerwartet (Erwartung übertroffen) mit ihrem Namen angesprochen werden (persönlich sein). Oder wenn zuvorkommend (Freundlichkeit) die Idee geäußert wird, dass man hier natürlich eine Dienstleistung für den Kunden maßschneidern muss (Initiative, Flexibilität), die so nicht vorgesehen ist – und das, bevor der Kunde danach fragt.

Es ist weder realistisch, noch notwendig, hinsichtlich jeder Dimension eine optimale Ausprägung zu haben. Die Liste soll zur Anregung dienen, den Status der eigenen Kundenorientierung anhand einer überschaubaren Zahl von Kriterien einschätzen zu können und darüber hinaus Anregungen zu erhalten, wo konkret man an seiner Servicestrategie arbeiten kann.

Übung:

Wo können Sie den Service in Ihrer Abteilung oder in Ihrem Unternehmen noch optimieren?

Nachdem nun konkreter beschrieben ist, woran man einen guten Service erkennen kann, sollten Sie einen Blick in Ihre Praxis werfen. Haben Sie den Mut, die Servicekompetenz Ihrer Abteilung zum Gegenstand einer kritischen Betrachtung zu machen!

In der Abbildung auf Seite 28 sind die Serviceregeln zusammengefasst. Die Zahlen ermöglichen eine Einschätzung auf jedem Faktor. Sie können das Schaubild vervielfältigen und zu mehreren Zwecken als Diskussionsgrundlage verwenden. Vergleichen Sie Ihre persönliche Einschätzung mit der von Mitarbeitern oder Vorgesetzten oder Kunden oder mit dem Profil, das Sie von Wettbewerbern erstellen.

Der Vergleich unterschiedlicher Blickwinkel lässt sich zur Planung einer Klausurtagung oder einer strukturierten Besprechung nutzen, bei der die eigene Servicestrategie Thema ist.

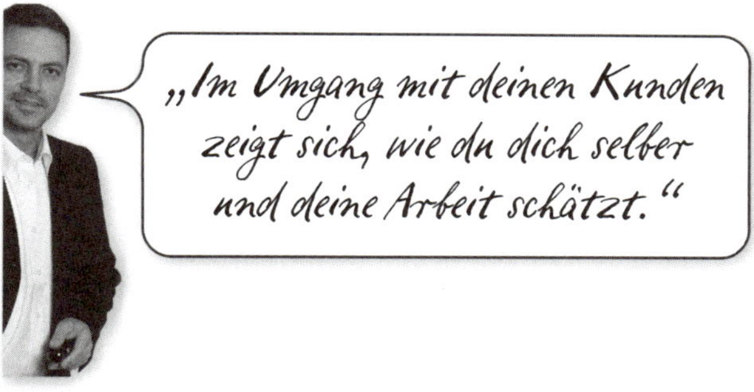

2.2 Kundentypen erkennen

Menschen verhalten sich unterschiedlich, reagieren unterschiedlich und bewerten unterschiedlich. Aus unternehmerischer Sicht kommt damit eine unerwünschte Portion Unberechenbarkeit ins Spiel. Kein Wunder also, dass es Bestrebungen gab und gibt, Kunden zu kategorisieren und Typen hinsichtlich ihrer Erwartungen, Lebenshaltungen, Motive, Gewohnheiten zu charakterisieren.

Der Versuch, die Gesamtheit der Kunden eines Unternehmens zu kategorisieren, hat im Marketing dazu geführt, nach Modellen zu suchen, um Kunden zu clustern und in Gruppen zu differenzieren, für die übereinstimmende Vorhersagen möglich sind. Es gibt eine Vielzahl solcher Modelle. Sie sind auf Unternehmensebene zur Planung strategischer Entscheidungen in der Produktion oder im Marketing sicher sinnvoll. Wenn man erkennt, dass sich die Kundenstruktur aus Gruppen mit voneinander abgrenzbaren Erwartungsstrukturen zusammensetzt, stellen sich in Bezug auf die Kundenorientierung einige Fragen:

- Welche Qualitätserwartungen haben die Kundengruppen?

- Wie wurde bisher Kundenbindung betrieben und wie soll dies sinnvollerweise zukünftig geschehen?
- Welche Kunden sind wichtig?
- Welche Serviceerwartungen haben die unterschiedlichen Kundengruppen?
- Wie können Maßnahmen zur Kundenorientierung spezifisch auf Kundengruppen zugeschnitten werden?

Wir haben in Kapitel 1 gesehen, dass die Frage, welche Kundengruppe an ein Unternehmen gebunden werden soll, eine wesentliche unternehmensstrategische Überlegung ist. Mit ihr werden Vorbedingungen geschaffen, die von allen Unternehmensbereichen berücksichtigt werden müssen.
Eine undifferenzierte „Der Kunde ist König"-Strategie, die diese Vorüberlegungen nicht anstellt, führt regelmäßig bei den Mitarbeitern mit direktem Kundenkontakt zu inneren Konflikten. Einerseits zwingt nämlich die Forderung nach maximaler Serviceorientierung zur Gleichbehandlung aller Kunden, und andererseits erlebt man, dass der eine oder andere Kunde wichtiger, ertragreicher oder loyaler ist. Als Mitarbeiter spürt man dann, dass irgendetwas nicht stimmen kann, wenn man von ihnen immer und bei jedem Kunden maximalen Einsatz fordert.
Die Ausführungen in Kapitel 1 haben auf diese Spannungen bereits hingewiesen.
Im direkten Umgang mit dem Kunden ist es notwendig, mit Modellen zu arbeiten, die eine Einschätzung des Verhaltens der Person erlauben, die vor einem steht, oder mit der man im telefonischen Kontakt ist. Modelle, von denen oben die Rede war, sind in diesem Sinne in der Regel zu undifferenziert. Es braucht verhaltenspsychologisch orientierte Modelle, die eine einfache, praxisnahe Handhabung erlauben – am besten branchenunabhängig. Das macht deutlich, dass sich marketingbasierte Modelle zur Kundendifferenzierung und psychologisch orientierte Modelle zur Differenzierung von Verhaltens- oder Kundentypen ergänzen können. Sie richten sich nur an Anforderungen unterschiedlicher Nutzer.

Ich werde ein Modell vorstellen, das sich im direkten Umgang mit Kunden in der Praxis bewährt hat. Es ist mit seinen vier Typen einfach aufgebaut und leicht anzuwenden Es ist andererseits differenziert genug, um beschreiben zu können, wie bestimmte Kunden sich verhalten oder warum Sie vielleicht mit bestimmten Kunden tendenziell leichter umgehen können als mit anderen. Und es gibt Ihnen konkrete Tipps, wie Sie mit den verschiedenen Typen am besten umgehen. Wie jedes Kategoriensystem verleitet auch dieses dazu, die komplexe Vielfalt menschlicher Erscheinungen in eine überschaubare Zahl von Schubladen zu packen. Ehe man sich versieht, gibt es dann nur noch vier Typen und wer nicht passt, wird passend gedacht. Deshalb Vorsicht. Das Modell vereinfacht, und soll eine Hilfe sein, die Wirklichkeit fassbarer zu machen. Nicht mehr – aber auch nicht weniger.

Vier Kundentypen – Beispiele

Beginnen wir mit der Praxis. Lesen Sie die folgenden Situationen und vergleichen Sie die beschriebenen Personen. Wir befinden uns in einer Filiale eines Kosmetikgeschäfts.

Kunde 1

Kundin A., unauffällig chic gekleidet, geht zum Regal mit den Kosmetika, um Ersatz für eine Creme zu kaufen. Auf die Frage, wie die Verkäuferin ihr helfen könne, schildert sie mit kurzen präzisen Sätzen, welche Creme sie bisher benutzt habe, auf welche Eigenschaften sie Wert lege und fragt, ob das Produkt, das sie kennt, vorhanden sei, oder ob es auch etwas Vergleichbares gäbe. Das Produkt ist vorhanden, aber die Verkäuferin stellt noch eine Alternative vor. Frau A. fragt, was an dieser Creme besonders sei. Sie nimmt die beiden Verpackungen in die Hand, vergleicht, während sie aufmerksam zuhört und nimmt dann doch die Creme, nach der sie gefragt hatte. Sie bedankt sich kurz, geht noch an zwei Regalen vorbei, aus denen sie etwas mitnimmt, was zuhause fehlt, und stellt sich an der Kasse an.

Kunde 2

Kundin B., chic und auffällig gekleidet, betritt das Geschäft und sucht gleich nach einer Verkäuferin, um ihr zu schildern, dass sie eine ganz hervorragende Creme hatte, für die sie nun einen Ersatz suche.

Es komme darauf an, dass es diese Marke sei. Das Produkt ist vorhanden, aber die Verkäuferin stellt schwärmend eine Alternative vor. Frau B. zeigt sich interessiert, sagt, dass sie den Hersteller von anderen Produkten kennt, fragt, ob man die Creme mal probieren kann, ist beim Testen begeistert, lässt sich von der Verkäuferin überzeugen, die größere Angebotspackung zu erwerben und geht anschließend zur Kasse. Draußen auf dem Weg fällt ihr ein, dass sie noch etwas vergessen hatte, was sie zuhause benötigt.

Kunde 3
Kundin C., bequem und chic gekleidet, betritt das Geschäft und schaut sich nach einer Verkäuferin um, und wartet in der Nähe der Kosmetika, bis sie mit Blickkontakt und Lächeln auf sich aufmerksam gemacht hat. Auf die Frage, wie die Verkäuferin ihr helfen könne, fragt sie, ob die Creme, die sie bisher genutzt habe, auch im Sortiment wäre. Die Verkäuferin bringt das Produkt und stellt schwärmend eine Alternative vor. Frau C. hört aufmerksam zu, lächelt und nickt. Sie fragt, ob man nicht besser bei seiner Sorte bliebe, wenn man zufrieden sei, sagt aber auch, dass die andere Creme sicher gut sei, und sie sie vielleicht beim nächsten Mal ausprobieren könne. Freundlich bedankt sie sich für die nette Beratung und fragt noch, wo denn einige Artikel stehen, die sie noch benötigt. Dass die Verkäuferin sie begleitet, findet sie nett und verabschiedet sich noch einmal, bevor sie zur Kasse geht.

Kunde 4
Kundin D., dezent streng und chic gekleidet, geht zielstrebig zum Regal mit den Kosmetika. Sie spricht eine Verkäuferin an, wo sie die Cremes findet. Auf die Frage, ob sie etwas Bestimmtes suche, nennt sie die Marke ihrer Creme, fragt dann aber, ob die Verkäuferin ihr etwas Vergleichbares anbieten könne. Die Verkäuferin stellt ihr eine Alternative vor. Während die Verkäuferin redet, liest die Kundin auf der Verpackung, unterbricht die Verkäuferin, und fragt, ob sie erst einmal eine Probe bekommen könnte. Dann erkundigt sie sich gleich, wie lange das Produkt bereits auf dem Markt sei und welche weiteren Produkte der Firma im Programm seien. Sie dankt kurz und sagt, dass sie lieber bei ihrer Creme bleibe. Sie geht noch am Regal vorbei, wo einige Artikel stehen, die sie benötigt. An der Kasse sagt sie der Verkäuferin, dass in jenem Regal etwas nachgefüllt werden müsse.

Vielleicht erkennen Sie sich selbst als Kunden wieder? Vielleicht erkennen Sie aber auch den ein oder anderen eigenen Kunden oder Bekannten wieder. Offensichtlich unterscheidet sich das Verhalten der vier Kunden. Und ob wir es nun auf ein Bekleidungsgeschäft oder Warenhaus, auf ein Beratungsgespräch in einem Telefonladen oder die Situation an einer Servicehotline übertragen: Im Prinzip lassen sich diese vier verschiedenen Kundentypen immer wieder entdecken. Für die Praxis von Bedeutung ist, worin genau die Typen sich unterscheiden, wie man sie erkennt und wie man mit ihnen umgeht.

Die vier Kundentypen

Virginia Satir (1972) hat schon in den 70ern vier Grundhaltungen unterschieden, aus denen heraus Menschen in Kontakt zueinander treten. Allessandra O´Connor (1997) hat viel später eine Systematik entwickelt, in der sie die gleichen Typen beschreibt – etwas konkreter und ausführlicher, aber ohne Satir mit einem Wort zu würdigen. Ich will hier auf diesen Beschreibungen aufbauen, weil sie anschaulich und leicht anwendbar sind. Die Beschreibungen und Erläuterungen habe ich zum Teil verändert und auf Kundentypen übertragen, um den Bezug zu unserem Thema herzustellen und die direkte Anwendung zu erleichtern.
Die Ausgangsidee der Unterteilung in vier unterschiedliche Typen ist, dass zwei Dimensionen des Verhaltens mit jeweils zwei Ausprägungsmöglichkeiten miteinander in Beziehung gesetzt werden. Die erste Dimension ist Offenheit/Reserviertheit, die zweite Dimension Direktheit/Indirektheit. Kombiniert man die beiden Dimensionen in einem Raster, ergeben sich vier Typen, die weiter unten noch beschrieben werden. Gehen wir jedoch Schritt für Schritt vor:

Offen oder reserviert

Die erste Unterscheidung, die man treffen kann, ist, ob eine Person eher offen oder reserviert ist.

Offenheit wird durch folgendes Verhalten charakterisiert; die Person

- wirkt entspannt, warmherzig,
- wirkt interessiert an verschiedenen Meinungen,
- ist an persönlicher Beziehung interessiert,
- äußert oder zeigt ihre Gefühle offen und bereitwillig,
- erscheint großzügiger im Umgang mit der Zeit,
- man würde die Person eher als „Bauch“-Menschen charakterisieren,
- die Person reagiert spontan.

Reserviert ist eine Person, die man am gegenteiligen Ende der Dimension platzieren würde. Dies kann durch folgendes Verhalten beschrieben werden, die Person

- wirkt formell und korrekt,
- wirkt interessiert an konkreten Details und Fakten,
- ist an der Sache interessiert, weniger an der Beziehung,
- Gefühle sind bei der Person schwer auszumachen, kaum einordenbar,
- die Person wirkt diszipliniert, planend und zeitlich organisiert,
- man würde die Person als einen „Kopf“-Menschen charakterisieren.

Direkt oder indirekt

Die zweite Unterscheidung, die man treffen kann, ist, wie nachdrücklich eine Person im Umgang mit anderen auftritt.

Direkt als Charakterisierung trifft dann zu, wenn folgende Beschreibungen zutreffen; die Person

- ist bereit, Risiken einzugehen,
- ist entscheidungsfreudig und wählt schnell,
- wirkt ausdrucksstark,
- wird schnell ungeduldig,
- reden und erzählen sind dominante Merkmale der Person,

- die Person geht aus sich heraus,
- sie äußert ihre Meinung gerne, auch unaufgefordert.

Indirekt ist hier wieder ein Verhalten, das sich auf der gegenteiligen Seite der Dimension ansiedeln lässt: die Person
- meidet Risiken und zeigt ein sicherheitsorientiertes Verhalten,
- Entscheidungen werden nur langsam gefunden,
- die Person wirkt nach außen kaum bestimmend,
- die Person wirkt gemächlich und geduldig,
- die Person wirkt im ersten Eindruck eher zurückhaltend,
- die Person behält ihre Meinung eher für sich, man ...
- ... muss sie auffordern, einbeziehen,
- die Person hört zu, beteiligt sich eher mit Fragen, als mit Aussagen oder Standpunkten.

Wenn Sie eine Person einschätzen wollen, können Sie schrittweise vorgehen, indem Sie zunächst die eine und dann die andere Dimension einschätzen. Als Ergebnis erhalten Sie eine Zuordnung zu einem der vier Quadranten, wie das in der Abbildung auf Seite 40 dargestellt ist. Sie können zunächst eine Selbsteinschätzung vornehmen und dann vergleichen, inwieweit die Beschreibungen auch auf Sie zutreffen.
Es gibt einige Personen, die nicht eindeutig in einen der vier Quadranten eingeordnet werden können. Man kann aber in der Regel zumindest eine der Dimensionen zuordnen. Das erleichtert den Umgang mit diesen Kunden, weil man zumindest weiß, dass man beispielsweise reserviert auftreten sollte, auch wenn man nicht entscheiden kann, ob die Person direkt oder indirekt ist.
Für den Fall, dass ein Kunde überhaupt nicht einordenbar ist, gibt es keinen Handlungsbedarf und keine besonderen Tipps. Die Typisierung soll helfen, mit besonders ausgeprägten Charakteren leichter umgehen zu können – weil diese nämlich unterschiedliche und konkret vorhersagbare Erwartungen an ihr Verhalten haben.

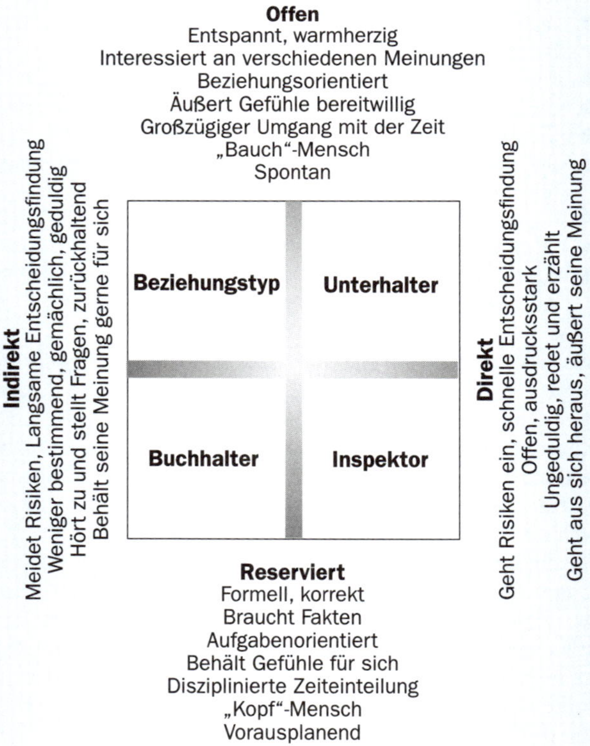

Die vier verschiedenen Kundentypen

Der Beziehungstyp

Der Beziehungstyp ist erkennbar an offenem, emotionalem Ausdruck und ausgeprägter Indirektheit.

- Er legt viel Wert auf Harmonie – Beziehungen sind ihm wichtig. Deshalb ist es diesem Kunden besonders wichtig, dass die Beziehung zum Gesprächspartner stimmt, dass man nicht nur geschäftlich, sondern zu allererst persönlich miteinander kann. Dazu gehört dann auch eine lockere aber einfühlsam verbindliche Art des Umgangs miteinander.
- Er sucht Stabilität und meidet Risiken. Stabilität zu erreichen, setzt ein gewisses Vertrauen zum Gesprächspartner voraus. Dies muss also erst hergestellt werden. Ist das einmal geschehen, hält der Beziehungsorientierte an Bewährtem fest. Das liegt auch in seinem ausgeprägteren Bedürfnis nach Sicherheit.
- Er meidet Konflikte und direkte Konfrontation. Der Beziehungstyp vermeidet Konflikte, Auseinandersetzung oder Widerspruch. Um des Friedens willen macht er wortwörtlich gute Mine zu bösem Spiel, das aber höchstens einmal. In Zukunft wird er die Situation meiden. Er wird in der Regel auch unangenehmen Erlebnissen noch etwas abgewinnen, es „nicht sooooo schlimm“ finden.
- Er wirkt liebenswert und schüchtern. Die Umgänglichkeit, das Bedürfnis nach harmonischen Beziehungen, die vermittelnde, zuvorkommende Art und das freundliche, lächelnde Auftreten machen den Beziehungstypen zum angenehmen Kunden. Geduldig, unaufdringlich, verständnisvoll und pflegeleicht.
- Veränderungen sind nicht seine Sache. Da Stabilität und Verlässlichkeit eher zum Beziehungstypen passen, können Sie davon ausgehen, dass Sie diesen Kunden über den Einsatz der Servicedimensionen, die Einfühlsamkeit demonstrieren und persönlichen Kontakt maximieren, vergleichsweise fest binden können.

Der Unterhalter
Der Unterhalter ist erkennbar am offenen emotionalen Ausdruck bei gleichzeitig sehr direktem Auftreten.

- Geht auf Menschen zu, ist an Kontakten interessiert. Der Unterhalter ist die Art von Kunde, zu dem man keinen Kontakt aufbauen muss, das erledigen sie schon selber. Ein netter, flotter, manchmal auch etwas gewagter Spruch und dabei ein freundliches Lächeln, so baut er schnell Kontakt auf.
- Begeistert gerne und will begeistert werden. Lange Erklärungen oder Konzentration auf umfangreiche Details sind nicht die Sache des Unterhalters. Da verliert er schnell die Geduld. Um ihn zu fesseln, muss man schon lebhaft und mitreißend sein. Dann kann man auch ihn anstecken oder gewinnen.
- Steht gerne im Mittelpunkt und sucht die Bühne. Es fällt dem Unterhalter schwer, wenn er zuhören muss. Da steht er selber nicht mehr an der Stelle, an der er sich am wohlsten fühlt: in der Mitte. Deshalb wird der Unterhalter gerne zum Unterbrecher, steuert eine unglaubliche Erfahrung aus dem eigenen Leben bei, macht eine schlagfertige Bemerkung, lenkt ab. Das wirkt manchmal unaufmerksam, vielleicht auch störend, passiert ihm aber eher unbedacht.
- Handelt spontan, aus dem Impuls heraus und sprudelt vor Ideen. Da er impulsiv handelt, kann man sich beim Unterhalter sicher sein, dass seine Gefühle deutlich erkennbar sind, überschwänglich findet man das vielleicht. Etwas übertrieben, vielleicht sogar arrogant. Die Spontaneität macht ihn unberechenbar. Was heute gilt, kann morgen bereits vergessen sein, wenn es eine eindrucksvolle Vorstellung der Gegenidee gab. Seine Entscheidungsfreude macht ihm Neuentscheidungen leicht.
- Redet gerne. Um auf der Bühne zu bestehen, muss man unterhalten. Reden ist da ein wunderbares Instrument. Der Unterhalter beherrscht es, kann es aber nicht kont-

rollieren. Deshalb kann er als Kunde nicht zuhören, sondern scheint geradezu die Rolle zu tauschen. Das sollte man ihm einräumen und sich davon nicht persönlich angegriffen fühlen.

Der Buchhalter

Der Buchhalter ist reserviert – er/sie scheint emotional unerschütterlich und tritt indirekt eher schweigsam beobachtend auf.

- Selbstbeherrscht und vorsichtig. Sicherheit spielt für den Buchhalter eine große Rolle. Kundenorientierung – da geht es für ihn gleich um Verkauf und alles, was nach Verkauf riecht, da soll er doch nur manipuliert werden. Freundliches Auftreten, persönliche Ansprache usw., das macht ihn eher misstrauisch und skeptisch. Das kostet letztlich doch nur sein Geld. Die sollen einfach nur die Arbeit machen.
- Wirkt beherrscht und etwas steif. Der Buchhalter wirkt schon äußerlich eher konservativ. Er hat seine genauen Vorstellungen und wird davon nur abrücken, wenn er sachlich überzeugende Argumente erhält. Bei ihm wird man kaum jemals Begeisterung erleben. Das mag besonders enttäuschend sein, wenn man sich so richtig ins Zeug legt, und erwartet, dass doch da jetzt etwas passieren müsste. Keine Chance. Beim Buchhalter spielen sich Emotionen im Kopf ab, nicht im Körper.
- Analysen und Fakten statt Emotionen. Der Buchhalter braucht überzeugende Argumente und Fakten. Kurz, knapp, möglichst genau. Die werden geprüft und sind die Grundlage der Entscheidung. Der nette Gesprächspartner, die überzeugende Show, das sind Verzerrungen, von denen der Buchhalter sich nicht beeinflussen lässt.
- Klarheit und Ordnung. Strukturiert, übersichtlich, ordentlich, nachvollziehbar, belegbar. Warum sollte man mehr sagen. Das ist es, was für den Buchhalter wichtig ist.

- Braucht Zeit und Ruhe zur Entscheidung. Mag sich nicht gerne drängen lassen. Entscheidungen brauchen Ruhe und die Distanz, um sicher zu sein, nicht aus einer unüberlegten Laune heraus gehandelt zu haben. Das wird ihm manchmal zum Nachteil, weil andere schneller gehandelt haben, und er seine Chance vertan hat.

Der Inspektor

Der Inspektor ist reserviert – wirkt emotional undurchschaubar, tritt aber forsch und fordernd auf.

- Wirkt stark, fordernd und bestimmend. Der Kunde vom Typ Inspektor wartet nicht. Er handelt. Er geht auf den Gesprächspartner zu, so, wie er im Gespräch schnell auf das kommt, worauf es ihm ankommt. Deshalb wird es schwerfallen, das Gespräch mit dem Inspektor selber zu steuern. Das ist etwas, was er nur schwer ertragen kann.
- Selbstbewusst und konkurrenzorientiert. Das selbstbewusste Auftreten des Inspektors drückt sich schon in seiner geraden strengen Haltung aus. Er sagt und er fragt direkt und ohne Umschweife. Er will es genau wissen. Die entscheidenden Details interessieren ihn. Wer sich auskennt, der genießt seinen Respekt.
- Ungeduld und in Eile. Kurze übersichtliche Darstellungen und Beschreibungen sind im Sinne des Inspektors. Er will das Wesentliche wissen, das zeigt sein forsches Auftreten, die Tatsache, dass er unterbricht, selbst aktiv wird, direkte Fragen stellt. Also fasst man sich am besten kurz, lässt ihn zu Wort kommen, redet nicht drumherum, und am besten gar nicht zu Themen, in denen man sich nicht auskennt.
- Entscheidungsfreudig und risikobereit. Da dieser Kundentyp Entscheidungen schnell fällt, muss man im Umgang mit ihm zur Tat schreiten, wenn man erkennt, dass er entschlossen ist. Übersieht man das, oder stellt weitere Alternativen oder Optionen in Aussicht, dann fühlt sich dieser Kunde nicht nur unverstanden, sondern auch

genervt. Bei überzeugenden Argumenten ist er bereit, Risiken einzugehen, etwas Ungewöhnliches und Neues auszuprobieren.

- Fakten statt softes Gedudel. Der Inspektor wünscht Fakten. Er weiß, was er will, und wartet nicht, bis man sie ihm bietet – er holt sie sich. Deshalb fragt er auch unbequeme Fragen, wirkt bohrend, manchmal angriffslustig. Er legt weniger Wert auf Harmonie, sondern auf überzeugende Leistung. Deshalb ist ihm jedes verkäuferische Geschmeichel ein Gräuel.

2.3 Tipps für die Arbeit im Service

Wie Sie die Typen erkennen, und worauf Sie unbedingt achten sollten, wenn Ihnen die Typen im Service begegnen, das finden Sie auf der folgenden Doppelseite. Schauen Sie sich zunächst diese Typisierung an, danach können Sie folgende Übungen bearbeiten.

Übung:

Nachdem Sie sich nun mit den vier Kundentypen vertraut machen konnten, können Sie versuchen, sie einzuordnen.

1. Denken Sie an einige wichtige Kunden, mit denen Sie zu tun hatten. Überlegen Sie, welchem Kundentyp Sie sie zuordnen können. Sammeln Sie charakteristische Details, die Ihnen helfen, in Zukunft gezielter hinzusehen und hinzuhören, um Kunden schneller einzuschätzen.
2. Erinnern Sie die Kunden, mit denen Sie die größten Schwierigkeiten hatten. Es ist oft der Fall, dass die Kunden, die es einem am schwersten machen, solche sind, die das entgegengesetzte Profil zur eigenen Person haben. Setzen Sie sich mit den Tipps zum Umgang mit diesem speziellen Kundentyp besonders auseinander.

Merkmale der vier Kundentypen

Beziehungstyp

Wie er auftritt ...

- Kleidung eher bequem, unauffällig
- Freundliches Gesicht
- Entgegenkommendes Verhalten
- Äußerlich: Nicken und Zustimmen
- Abwartend
- Eher geringe Körperdistanz

Beachten Sie ...

- Dass Sie dieser Person mit Geduld und Aufmerksamkeit begegnen
- Sich tendenziell langsamer verhalten und sprechen
- Entscheidungen anbieten, statt darauf zu warten
- Ehrlich auf die Bedürfnisse eingehen, um Vertrauen aufzubauen
- Tastende Kontaktaufnahme, lächeln, bewusst nett sein

Unterhalter

Wie er auftritt ...

- Kleidung eher modisch, auffällig
- Auffällige Accessoires
- Raumgreifende Gesten, Bewegungen
- Liebt Publikum
- Zeigt Initiative
- Starker Blickkontakt
- Eher geringe Körperdistanz, Berührung

Beachten Sie ...

- Seinen Geschichten zuhören
- Er mag Bestätigung und Lob
- Sie müssen ihn mitreißen
- Lässiges, lockeres Auftreten
- Seine Zustimmung und Entscheidung fällt spontan durch Begeisterung
- Viel Blickkontakt, persönlich und offen sein
- Spontan sein, schnell reagieren

Buchhalter

Wie er auftritt ...

- Kleidung eher unmodern oder klassisch unauffällig
- Ernstes Gesicht, geringer Blickkontakt
- Kaum Gesten und Bewegung
- Sachliche unmelodiöse Sprache
- Abwartend
- Eher große Körperdistanz

Beachten Sie ...

- Aufmerksames, aber formelles Auftreten
- Sachorientiert, sich dabei aber Zeit nehmen und genau hinhören
- Keine Sprüche, Lässigkeiten, nicht anbiedern oder „Nähe herstellen“
- Pausen machen und gezielt nachfragen
- Ausreden lassen
- Wenig, aber immer wieder Blickkontakt

Inspektor

Wie er auftritt ...

- Kleidung eher streng, klassisch
- Dominante Erscheinung, präzise Bewegungen, gerade Haltung
- Steuert und kontrolliert die Situation
- Prüfender, fast bohrender Blickkontakt
- Normale Körperdistanz mit testenden Übergriffen

Beachten Sie ...

- Seien Sie sehr genau, schnell, aufmerksam im Verhalten und in der Sprache
- Keine Flapsigkeit, sondern pointierte Bemerkungen
- Überlassen Sie ihm die Entscheidung
- Überzeugen Sie mit Fakten
- Schauen Sie ihn selbstbewusst an
- Keine warme Freundlichkeit, sondern selbstbewusstes korrektes Auftreten

3 Kundenkontakte am Telefon

Optimieren Sie Ihr Telefonverhalten

3.1 Überblick

Die Bedeutung des Telefons variiert von Arbeitsplatz zu Arbeitsplatz, aber das Telefon spielt überall eine herausgehobene Rolle. In diesem Kapitel lernen Sie das Telefon-Kompetenz-Rad (TKR) mit seinen zehn Faktoren kennen, die Ihre Wirkung am Telefon bestimmen (siehe Seite 50/51).

Sie können sich bezüglich jedes Faktors einschätzen lassen und so Ihr persönliches Stärkenprofil erstellen. Das erlaubt Ihnen, gezielt an den Punkten zu arbeiten, an denen Sie noch Schwächen erkennen, die Sie beseitigen möchten. In der Praxis hat sich gezeigt, dass das Modell in sehr unterschiedlichen Arbeitsfeldern eingesetzt werden kann, wenn man arbeitsfeldspezifische Inhalte unter dem Blickwinkel der zehn angesprochenen Faktoren mitberücksichtigt.

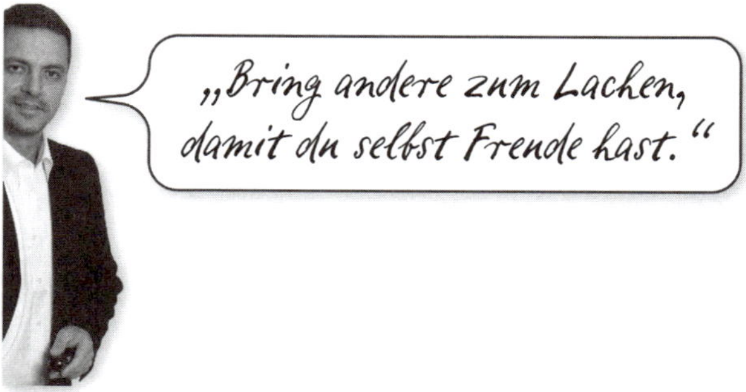

3.2 Die Faktoren des Telefon-Kompetenz-Rades

Faktor 1: Organisation des Arbeitsumfeldes

„Ordnung ist das halbe Leben", sagt der Volksmund. Sagen wir einfach: „Ordnung ist die halbe Servicekompetenz." Ein gut organisiertes Arbeitsumfeld macht es möglich, schnell auf wichtige Daten zurückgreifen zu können, es erlaubt auch, benötigte Informationen und Papiere leicht einzusehen und so ohne große Umstände in den häufigsten Situationen reagieren zu können. Servicekriterien, wie sie in der Serviceuhr zusammenfassend beschrieben wurden, können so leichter umgesetzt werden.

Bereitliegende Adressen oder Telefonnummern können schnell und ohne jeden Zusatzaufwand initiativ weitergegeben werden. Man wird so schon einige Erwartungen übertreffen. Liegen Postmarken und Umschläge bereit, kann man unmittelbar nach dem Gespräch Post eintüten, was die Reaktionsgeschwindigkeit erhöht.

Was genau an Ihrem Arbeitsplatz in Reichweite sein sollte, was Sie in Sichtweite aufgehängt haben sollten, oder was in einem Sammelordner griffbereit gehalten werden kann, hängt von den Anforderungen des Arbeitsplatzes ab. Insofern sollten Sie die folgende Liste als Anregung nutzen, Ihren Arbeitsplatz einmal mit fremden Augen zu betrachten, um Reorganisationspotenziale zu entdecken.

Kalender

Ein großer Jahreskalender in Sichtweite oder ein Jahreskalender unter der Schreibtischunterlage ermöglicht rasche Übersicht über Termine, Urlaubs- und Ferienzeiten, Feiertage. Sind auf diesem Kalender wichtige Daten wie Vertretungen oder Abwesenheit von Kollegen eingetragen? Oder lohnt sich vielleicht sogar ein zusätzlicher Kalender für besondere Termine, damit Sie stets die Übersicht behalten?

Das Telefon-Kompetenz-Rad

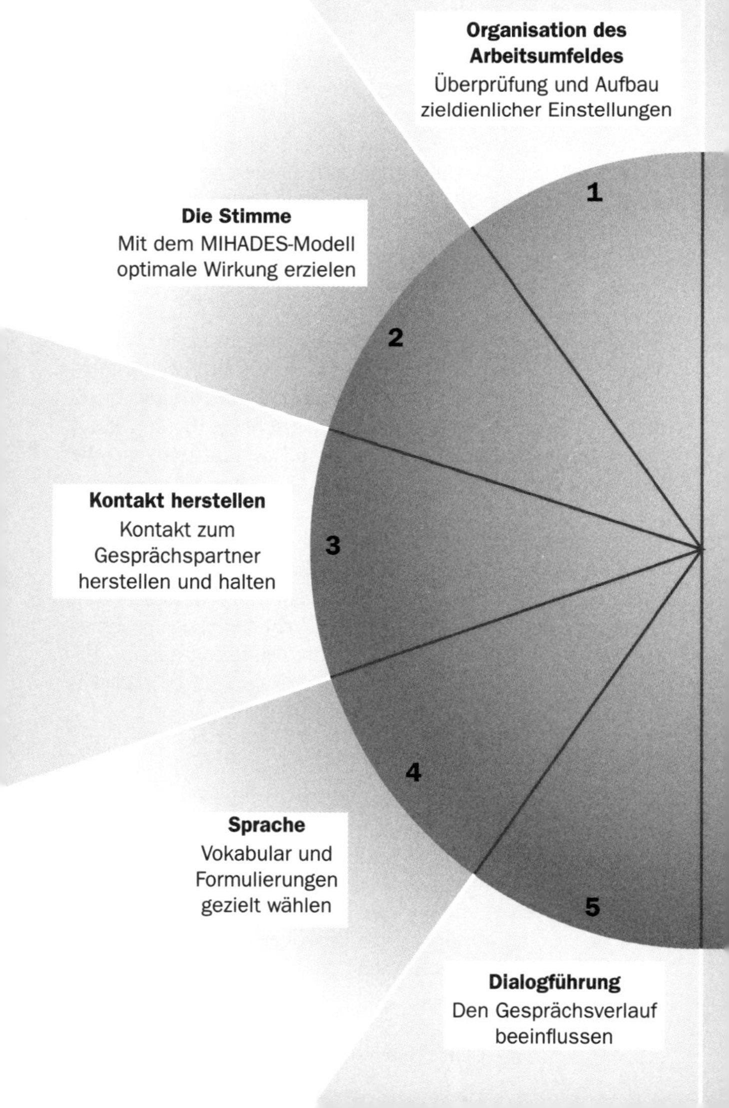

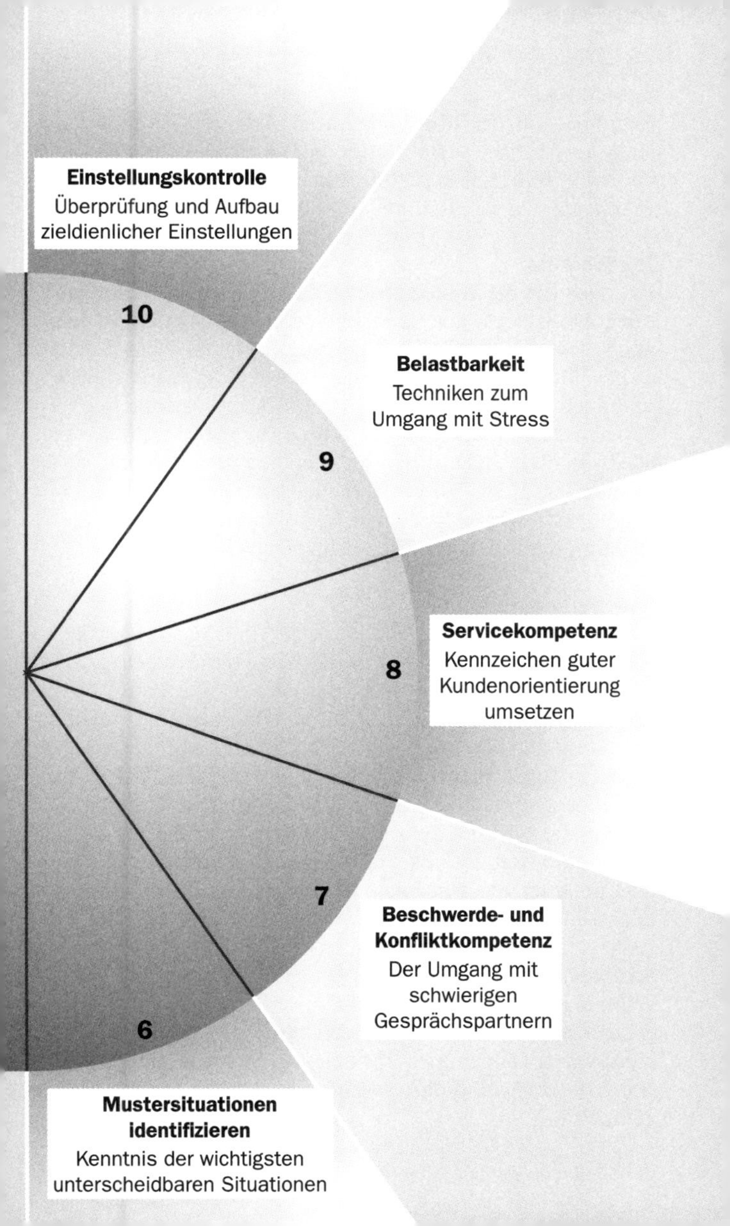
Einstellungskontrolle
Überprüfung und Aufbau zieldienlicher Einstellungen
10
Belastbarkeit
Techniken zum Umgang mit Stress
9
Servicekompetenz
Kennzeichen guter Kundenorientierung umsetzen
8
Beschwerde- und Konfliktkompetenz
Der Umgang mit schwierigen Gesprächspartnern
7
6
Mustersituationen identifizieren
Kenntnis der wichtigsten unterscheidbaren Situationen

Telefonliste
Eine Liste auf der Telefonnummern, Adressen, Kontaktdaten o.Ä. wichtiger Vermittlungs- oder Gesprächspartner notiert sind, hilft, um diese Informationen nicht lange suchen zu müssen und sie rasch weitergeben zu können.

Telefonnotiz
Es erleichtert die Weitergabe von Informationen, wenn man einen Notizblock und Schreibmaterial griffbereit hat, um Dinge festzuhalten. So kann man auch notieren, worauf man nicht sofort, sondern später reagieren will. Telefonnotizblöcke sind auch für Verkäufer sinnvoll, um Akquiseanrufe mit zu notieren. Häufig erreicht man Ansprechpartner nicht direkt oder vereinbart Rückruftermine oder die Zusendung von Materialien. Im Laufe eines telefonatreichen, heißen Kaltakquisemorgens löscht sich so manche Erinnerung aus dem Gedächtnis, wenn sie nicht festgehalten wurde.

Gesprächsunterlagen
Finden Sie nicht, dass es kompetent und gut organisiert wirkt, wenn der Gesprächspartner während des Telefonats schnell reagieren und auf Fakten rasch zugreifen kann? Dies gelingt aber nur, wenn man wichtige Unterlagen bereits vor dem Gespräch bereithält. In vielen Fällen ist absehbar, welche Unterlagen man braucht. Statt voreilig zum Hörer zu greifen, sucht man erst einmal die notwendigen Unterlagen zusammen. Für Verkäufer gehören dazu zum Beispiel auch eigene oder fremde Broschüren, oder man befindet sich bereits im Internet, wenn man absehen kann, dass dies hilfreich sein könnte.

Abwesenheit
Wenn man vorübergehend nicht anwesend ist, sollten Kollegen informiert sein, damit sie den anrufenden Kunden Auskunft geben können. Die Rufumleitung sollte in diesem Fall eingeschaltet sein, damit Anrufer nicht in der Leitung verkümmern.

Einsatz-, Lage- oder Projektpläne
Einsatz- und Projektpläne – die man in Eigeninitiative erfahrungsgemäß ständig aktualisieren muss – helfen insbesondere Personen, die im Sekretariat oder in der Verwaltung Kundenkontakt haben, während Kollegen im Außendienst oder vor Ort aktiv sind. Oft bedarf es der Eigeninitiative, um solche Übersichtsinformationen zu erhalten, aber das Ergebnis des Einsatzes spart viele doppelte Laufarbeiten, die ohne solche Übersichten anfallen.

Kosten-/Gebührenübersichten
Aktuelle Kosten- und Gebührenübersichten wird man wahrscheinlich griffbereit haben, sobald man sie selbst ständig benötigt. Hilfreich im Sinne einer größeren Kundenorientierung ist es, wenn man diese Information bereithält, weil man weiß, dass immer wieder Kunden danach fragen. Bedenken Sie: Es geht nicht darum, ob Sie selbst etwas von dieser Information haben. Es geht darum, ob Sie immer wieder einmal sagen müssen: „Das weiß ich auch nicht“, oder ob Sie sagen können: „Einen Moment, das kann ich Ihnen sofort sagen.“ Letzteres wird sie vor allem kompetenter erscheinen lassen.

Informationen über andere Unternehmen
Das Gleiche, was für Kosten- und Gebührenübersichten gilt, kann man auch für Informationsbroschüren anderer Unternehmen, deren Telefonnummern, Adressen, E-Mail-Adressen und Ansprechpartner sagen. Wenn man im Kundenkontakt mehr als einmal nach solchen Informationen gefragt wurde, dann kann man sie auch zugriffsbereit halten.

Vielleicht gibt es noch Unterlagen oder organisatorische Aspekte, die an Ihrem Arbeitsplatz besonders wichtig sind und die festgehalten werden sollten? Jeder Arbeitsplatz stellt ganz besondere Ansprüche. Ergänzen Sie deshalb einfach das, was den spezifischen organisatorischen Anforderungen Ihres Arbeitsplatzes entspricht. Und nutzen Sie den alten

FBI-Trick: Finde Bessere Ideen – und zwar indem Sie mal bei Kollegen genauer hinsehen und sich inspirieren lassen.

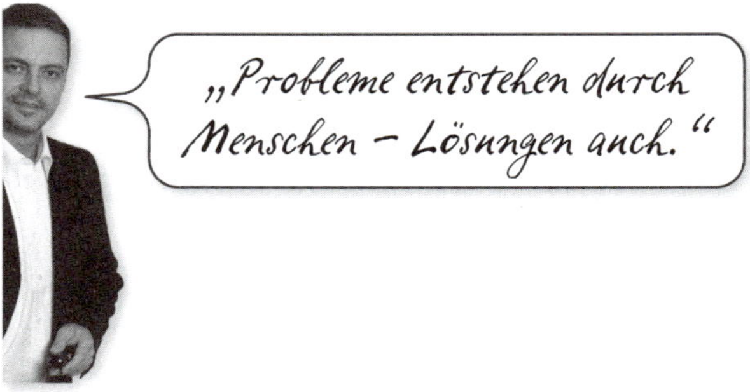

Faktor 2: Die Stimme

Die Wirkung der Stimme ist im Telefonat natürlich von zentraler Bedeutung. Ganz einfach, weil alle optischen Merkmale zur Beurteilung der Person entfallen, wird die Stimme neben der Wortwahl entscheidend, wenn es darum geht, Sympathie, Kompetenz, Kundenorientierung oder die Motivation des Gesprächspartners einzuschätzen.
Wie stark die Stimme unsere Einschätzung eines fremden Menschen beeinflusst, das kennen Sie sicher aus eigener Erfahrung: Ich spreche von dem Überraschungsmoment, wenn man einmal eine Person kennen lernt, die man zuvor nur am Telefon gesprochen hat. Offensichtlich hat man bereits innere Vorstellungen der Person gebildet, die nicht bewusst waren und im Moment der Begegnung abgerufen werden.

Das MIHADES-Modell

Das Zusammenspiel mehrerer Faktoren beeinflusst letztlich die Wirkung der Stimme am Telefon. Im MIHADES-Modell sind die Faktoren zusammengefasst.

MIHADES steht für

MI - mik:	Mit welchem Gesichtsausdruck wir sprechen
H - altung:	Welche Körperhaltung wir beim Sprechen einnehmen
A - tmung:	Wie man atmet
DE - nken:	Aus welcher inneren Haltung heraus man spricht
S - prechen:	Wie man moduliert, intoniert und artikuliert

An jedem Faktor kann man ansetzen, um die Wirkung der Stimme zu verbessern.

Alle Faktoren hängen zusammen, sodass es in gewisser Weise keine Bedeutung hat, wo man beginnt. Die Erfahrung zeigt aber, dass Menschen bei den unterschiedlichen Faktoren verschieden schnell Lernfortschritte machen. Ein guter Trainer wird hier Tipps geben können, wo Sie sinnvollerweise beginnen sollten.

Das MIHADES-Modell

Ich stelle Ihnen das Modell (aus Haeske 1999) kurz vor und gebe einige konkrete Tipps, was Sie beim Telefonieren beachten können.

Mimik

Der Gesichtsausdruck verändert den Klang der Stimme, und ein Lächeln kann man hören. Probieren Sie es aus und befragen Sie einen Freund oder Kollegen! Erinnern Sie sich kurz vor dem Abheben des Telefonhörers daran, freundlich zu schauen.

Haltung

Ihre Stimme wird geerdeter wirken, wenn Sie aufrecht sitzen oder sogar stehen. Sie klingen entspannter – vielleicht zu lässig –, wenn Sie zurückgelehnt sitzen. Viele Menschen stehen in wichtigen Gesprächen automatisch auf, heben den Kopf leicht. Das ist eine ganz natürliche Reaktion, lässt auch die Stimme fester und selbstsicherer klingen, verschafft festen Bodenkontakt und lässt die zum Sprechen benötigte Luft freier fließen.

Atmung

Eine ruhige und gleichmäßige Atmung ist ein Zeichen von Entspannung und macht sich in der Stimme bemerkbar. Besonders in stressigen Phasen kann man ganz gezielt auf eine ruhige Atmung achten. Im entspannten Zustand wird es Ihnen leichter fallen, die Tiefvollatmung zu praktizieren. Dabei atmen Sie bis in den Bauch, das Zwerchfell bewegt sich mit. Bei der Hochatmung atmet man nur im oberen Brustbereich. Wenn man zusammengesunken auf seinem Stuhl sitzt, knickt man beispielsweise den Oberkörper so ab, dass die Tiefvollatmung gar nicht möglich ist. Die Stimme verändert sich unter Stress meist so, dass man automatisch zur Hochatmung neigt. Bei ausgeprägten Hochatmern klingt die Stimme dann quengelig. Mit der Folge, dass die Gereiztheit des Gesprächspartners schnell steigt. Aus diesem Grund ist es wirkungsvoll, wenn man die Tiefvollatmung lernt.

Übung:

Gähnen Sie bewusst, um einen Eindruck davon zu bekommen, wie die Tiefvollatmung körperlich zu spüren ist. Beim Gähnen atmen wir automatisch ganz gesund, tief und voll. Wenn Sie ein Gespür für die Unterschiede der Atemräume haben, dann üben Sie zunächst mit einem „mmmh, lecker", bis das einen leicht vibrierenden tief körperlichen Klang hat. Sprechen Sie nicht bewusst tief! Der Klang soll auf Ihrem natürlichen Eigenton leicht erzeugt werden. Nur dann klingen Sie entspannt.

Denken

Was wir denken und wie wir uns fühlen, beeinflusst unser Verhalten und den Klang unserer Stimme. Unsicherheit lässt die Stimme fragend, Sicherheit lässt sie entschieden klingen. Unsicherheit geht mit „ehhh", „mmh" und Möglichkeitsformen in der Sprache einher. Sicherheit und Selbstbewusstsein machen eher Mut, schwierige Situationen anzugehen. Daraus lernt man und steigert sein Selbstbewusstsein, sodass man insgesamt gelassener wirkt. Einstellungen, die das Telefonieren günstig beeinflussen, werden später dargestellt.

Sprechen

Eine verständliche, gute Aussprache erleichtert das Zuhören und wirkt auf den Gesprächspartner engagiert und kompetent. Nachlässiges Sprechen kommentiert den Inhalt, über den man spricht nachteilig, indem der Inhalt bedeutungsloser, unwichtiger, beliebiger wirkt.

- Sprechen Sie Ihren Namen bewusst deutlich aus.
- Vermeiden Sie es, Silben zu verschlucken.
- Sprechen Sie Sätze bis zum Ende hörbar aus.
- Sprechen Sie mit Stimmmodulation: Variationen in laut – leise, betont – unbetont, schnell – langsam lassen Ihre Stimme lebendig und motiviert wirken.

Faktor 3: Kontakt herstellen – Kontakt halten

Kontakt entsteht nicht alleine dadurch, dass zwei Menschen miteinander sprechen. Man muss auch im übertragenen Sinne einen „Draht herstellen" können.

Kontakt bei der Meldung herstellen

Mit einer vollständigen Meldeformel schaffen Sie einen guten Einstieg ins Gespräch. Ob Sie anrufen oder angerufen werden: Ihre Einflussmöglichkeiten steigen, wenn Ihnen der erste Eindruck glückt. Drei Bestandteile der Meldeformel haben sich bewährt, die Reihenfolge sollte so gestaltet werden, dass Sie natürlich klingen:

- Begrüßen Sie die Gesprächspartner: Nennen Sie Ihren Namen.
- Nennen Sie das Unternehmen und/oder den Bereich, in dem Sie arbeiten.

Kontakt auf der Gesprächsebene

Zum wirklichen Dialog wird ein Gespräch, wenn folgende Aspekte beachtet werden:

- Eingehen: Man geht inhaltlich auf den Gesprächspartner ein.
- Nachfragen: Man fragt nach, um Interesse zu signalisieren.
- Respekt zeigen: Man tut dies auch bei abweichenden Ansichten.
- Bedürfnisse respektieren: Man achtet Desinteresse, Eile oder Ärger des Kunden.
- Sprechgeschwindigkeit anpassen: Dies ist insbesondere bei auffällig langsamen oder auffällig schnellen Sprechern wichtig.

  Wenn man einem langsamen Sprecher gegenüber zu schnell spricht, wirkt man hektisch. Wenn man einem Schnellsprecher gegenüber zu langsam spricht, dann wirkt man unmotiviert und inkompetent.

Faktor 4: Sprache

Sprache weckt Assoziationen und löst Gefühle aus.

Zum Beispiel:
Vergleichen Sie Worte wie „Entsorgungspark“ und „Müllhalde“. Die Worte bezeichnen ähnliche Sachverhalte. Sie lösen jedoch völlig unterschiedliche Reaktionen aus. Beachten Sie Folgendes:

Abkürzungen und fachspezifisches Vokabular

Reaktionen auf Abkürzungen und Fremdwörter reichen von „Abschalten“ bis Ärger. Was intern unter Kollegen tadellos funktioniert, verkehrt seine Wirkung bei Fremden und wird dort schnell zum Kommunikationsproblem.

Satzlänge

Als Faustregel kann man sagen: Machen Sie häufiger einen Punkt. Kurze knappe Sätze lassen Sie sicher und kompetent wirken. Probieren Sie es aus. Sie werden feststellen, dass Menschen, die umständlich formulieren oder die einen Satz verschachtelt konstruieren, unsicher oder verworren klingen.

Füllwörter

Füllwörter sind „mmh“, „eeh“, „halt“. Wenn Sie sicher wirken wollen, dann reduzieren Sie in schwierigen Gesprächssituationen die Zahl der Füllwörter. Der Trick, mit dem Sie das erreichen können, ist, dass Sie bewusster und häufiger Pausen machen.

Möglichkeitsform

Hören Sie den Unterschied zwischen: „Da müsste ich mal nachfragen“ und der inhaltlich gleichen Aussage: „Da werde ich nachfragen.“ Letzteres klingt verbindlicher. Bemühen Sie sich, die Möglichkeitsform zu vermeiden, um sicher zu wirken.

Ja, aber

Die meisten Menschen reagieren auf das „Ja, aber" allergisch. Das ist nur zu verständlich, denn eigentlich handelt es sich ja um ein „Nein", einen Widerspruch oder einen Einwand. Man signalisiert damit, dass man in den Widerspruch geht.

NICHT

Wenn Sie jetzt nicht an einen roten Ferrari denken sollen, wird Ihnen das schwerfallen. Das menschliche Gehirn scheint so zu funktionieren, dass es Negationen erst einmal abbilden muss. In Sätzen wie „Verstehen Sie mich nicht falsch" wirkt das fatal.

Übung zur serviceorientierten Sprache:

Sie lesen jetzt Beispielsätze, die man auch anders formulieren könnte, um eine bessere Wirkung beim Gesprächspartner zu erzielen. Versuchen Sie es: Benutzen Sie andere Formulierungen, oder lassen Sie Worte weg. Beachten Sie, dass der Sinn erhalten bleibt. Lösungsvorschläge finden Sie am Ende des Kapitels.

1. Sie können nicht erwarten, dass ich diese Angelegenheit sofort erledige.
2. Es ist natürlich nicht sicher, dass über Ihren Antrag positiv entschieden wird.
3. Die Sache hat den Nachteil, dass erst nachgefragt werden muss.
4. Sie können keine rasche Erledigung erwarten, wenn die Unterlagen nicht vollständig sind.
5. Wir haben heute keine Möglichkeit, den Auftrag noch zu erledigen.
6. Leider muss ich Ihnen sagen, dass der Kollege XY im Außendienst ist.

7. Das kann ich Ihnen aber erst in einer Woche sicher zusagen.
8. Er ist aber nur drei Monate gültig.
9. Die roten und grünen Modelle haben wir nicht mehr am Lager.
10. Wir bekommen das XYZ nicht vor Freitag wieder.
11. Sie brauchen keine langen Wege mehr zu gehen.
12. Sie müssen nichts zusätzlich bezahlen.
13. Verstehen Sie mich nicht falsch.

Faktor 5: Dialogführung

Dialogführung soll betonen, dass es darum geht, steuernd auf den Gesprächsverlauf Einfluss zu nehmen und zielgerichtet zu telefonieren, statt nur zu reagieren. Denn wenn der Gesprächspartner steuert, dann wird er auch seine Ziele durchsetzen.

Sie können Ihre Kompetenz, in diesem Sinne aktiv statt reaktiv zu sein, erheblich steigern, wenn Sie einige Techniken der Gesprächsführung trainieren und bewusst einsetzen:

- Dialogführung durch Fragetechniken
- Auf Appelle und Gefühle reagieren
- Verhandlungsgeschick

Dialogführung durch Fragetechnik

Zunächst ist es wichtig, sich die unterschiedliche Wirkung zwischen offenen Fragen, geschlossenen Fragen und Aussagen bewusst zu machen. Hier sind einige Beispiele gegenübergestellt. Prüfen Sie zunächst selbst, wie Sie die Unterschiede erleben:

Geschlossene Fragen	Offene Fragen	Aussagen
1. Sind Sie an einem Gespräch interessiert?	2. Wie kann ich Sie zu einem Gespräch bewegen?	3. Ich schlage ein Gespräch vor.
4. Könnte ich mit Ihrem Vorgesetzten sprechen?	5. Wann kann ich Ihren Vorgesetzten erreichen?	6. Ich möchte gerne Ihren Vorgesetzten sprechen.
7. Ist Ihnen der Betrag von 50 Euro passend?	8. Welcher Betrag ist Ihnen passend?	9. Ein Betrag von 50 Euro ist da am passendsten.
10. Hatten Sie das mit der Kollegin xyz vereinbart?	11. Was genau hatten Sie mit welcher Kollegin vereinbart?	12. Ich sehe, Sie haben xyz mit der Kollegin vereinbart.
13. Sie möchten doch sicher eine Lösung haben?	14. Welche Lösung möchten Sie?	15. Stellen Sie bitte Ihren Lösungsvorschlag vor.

Offene Fragen (W-FRAGEN)
bieten sich an, um offen und ungerichtet Informationen zu erhalten. Man lässt die Möglichkeit, dass der Gesprächspartner sehr frei antworten kann (8, 11, 14), seine Antwort also nicht suggestiv vorgegeben ist (wie bei 9, 12). Manchmal lenken sie das Gespräch geschickt in eine Richtung, die ein leichtes Ausweichen schwer machen (2, 5).

Geschlossene Fragen
bieten sich an, um Antwortmöglichkeiten einzuschränken (7), oder suggestiv bestimmte Antworten zu „erleichtern" (13). Auch wenn man eine kurze Bestätigung haben möchte, ist dies hilfreich. Vorsicht ist geboten, wenn die Gefahr besteht, dass der Gesprächspartner Sie durch eine schnelle Antwort abwimmelt (1, 4).

Aussagen
sind klare Anweisungen. Man wirkt sicher (12), bestimmt (9, 15), aber auch schnell etwas unfreundlich, wenn man, statt zu fragen, Aussagen verwendet (3, 6). Aber Aussagen führen Sie in einigen Situationen rascher zum Ziel. Man muss also abwägen, wo der größere Nutzen liegt. Junge Mitarbeiter mit dünner und/oder sehr freundlicher Stimme können durch den bewussten Einsatz von Aussagen entschlossener wirken.

Der geschickte Wechsel zwischen Fragen, Gegenfragen, offenen und geschlossenen Fragen und Aussagen entscheidet darüber, wer das Gespräch lenkt.

Tipps zum Einsatz von Fragetechniken

- Stellen Sie häufiger Fragen: Sie können durch den bewussten Einsatz verschiedener Frageformen das Gespräch zu Ihrem Vorteil steuern. Beherzigen Sie den Satz: Wer fragt, der führt.
- Nicht zu viele geschlossene Fragen: Ein geschickter Gesprächspartner weicht leicht aus, wenn man geschlossene Fragen stellt. Mit offenen Fragen wie „Wie genau meinen Sie ...“; „Was heißt xyz für Sie ...?“; „Wann genau haben Sie ...?“ zwingt man zu mehr Genauigkeit.
- Fragen Sie nach – wenn Sie etwas nicht verstanden haben. Dies gilt während des Gesprächs bei Sachfragen, aber insbesondere auch bereits am Anfang des Gesprächs, falls Sie den Namen des Gesprächspartners nicht verstanden haben.
- Vorsicht mit Mehrfachfragen: Stellen Sie Fragen nacheinander. Wenn Sie mehrere Fragen auf einmal stellen, dann bekommen Sie möglicherweise nicht die Antwort auf die Frage, die Sie am meisten interessiert.

- **Fragen wiederholen:** Wiederholen Sie wichtige Fragen. Scheuen Sie sich nicht, eine Frage zu wiederholen, wenn Sie Ihre Antwort nicht erhalten haben oder die Person ausgewichen ist.
- **Aktives Zuhören:** Beim aktiven Zuhören wiederholen Sie nach einer passiven Schweigephase, in der der Gesprächspartner gesprochen hat, zusammenfassend, wie Sie das Gesagte verstanden oder gehört haben.

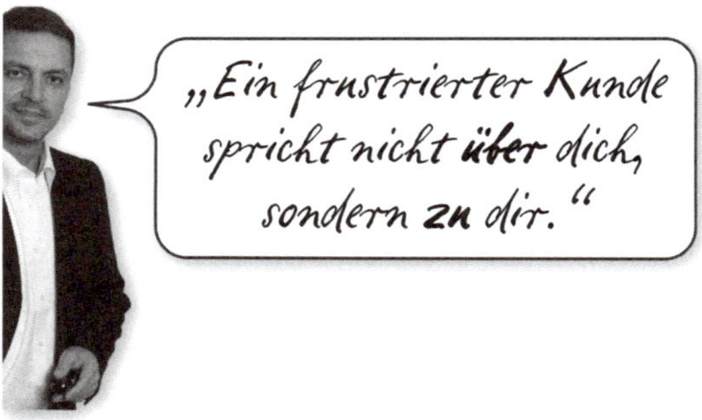

Auf Appelle und Gefühle reagieren

Gute Kommunikation findet dann statt, wenn man den Eindruck vermittelt, den Gesprächspartner zu verstehen. Da Menschen oft zwischen den Zeilen die entscheidende Botschaft senden, ist es wichtig, genau hinzuhören. Angelehnt an das klassische Kommunikationsmodell von Schultz von Thun (2001) sind auf der folgenden Magazinseite (Seite 66/67) zusammenfassend Hörgewohnheiten und Reaktionen am Telefon einander gegenübergestellt.
Umgangssprachlich wird Kundenorientierung oft als „die Bedürfnisse des Kunden erkennen" gefasst. Nimmt man das wörtlich und betrachtet es vor dem Hintergrund des Modells, ist es unter Servicegesichtspunkten besonders wichtig,

sich für die Appellbotschaft und die Ichbotschaft des Kunden zu sensibilisieren. Wenn man sich die Serviceregeln in Erinnerung ruft, dann sind Schnelligkeit, Engagement und Initiativ Standarderwartungen der Kunden. Wenn Sie die Worte „gerne“, „sofort“, „schnell“ bewusst einsetzen, dann reagieren Sie also optimal.

Verhandlungsgeschick

In Beschwerdegesprächen und in Verkaufsgesprächen ist es wichtig, mit Geschick und Diplomatie vorzugehen.

- Nein-Haltung: Unter Servicegesichtspunkten ist die Nein-Haltung völlig indiskutabel. Beispielhaft: „Das geht nicht. Punkt.“ Aus diplomatischen Gründen ist es effektiver, zumindest so zu tun, als ob man erst einmal die Situation prüft.
- Zeitliche Unterbrechungen: Wenn man feststellt, dass ein Gespräch sich in eine Sackgasse bewegt, bewährt es sich, früh Unterbrecher einzubauen. Dazu zählt so etwas wie: „Da werde ich kurz mit meiner Kollegin drüber sprechen“, „Einen Moment, ich sehe das mal direkt nach“. Die Unterbrechung bewirkt ein Reset, um neu zu beginnen.
- Perspektivenübernahme: Manche Kundenreaktion wird verständlicher, wenn man die Perspektive des anderen einnimmt. Es geht darum, wirkliches Verständnis zeigen zu können und auf dieser Basis inhaltliche Fragen zu diskutieren, statt aus mangelndem Einfühlungsvermögen in Vorwürfe zu verfallen.
- Vorsicht bei unklaren Appellen: Wenn man reagiert, ohne genau zu wissen, was der Gesprächspartner wollte, wirkt man unsensibel, selbst wenn dies in der besten Absicht geschah. Prüfen Sie deshalb: Was genau erwartet die Person von mir? Bleibt das unklar, dann fragen Sie nach. Fehlt die Antwort, fragen Sie auch ein weiteres Mal.

Botschaften

Sachbotschaft

Die Sachbotschaft entspricht der reinen inhaltlichen Aussage, also dem, was wortwörtlich mitgeteilt wird.

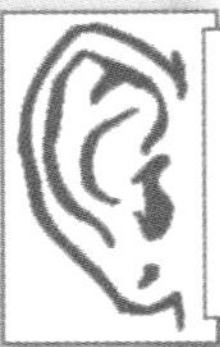

Appellbotschaft

Die Appellbotschaft entspricht dem, was der Sender von einem erwartet, was man tun soll.

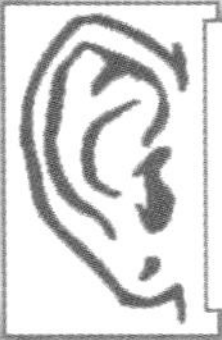

Beziehungsbotschaft

Die Beziehungsbotschaft sagt etwas darüber aus, wie die Beziehung zueinander ist und wie man vom Sender wohl eingeschätzt wird.

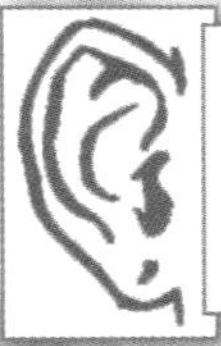

Ichbotschaft

Die Ichbotschaft sagt etwas darüber aus, mit welchem Gefühl, aus welcher Motivation heraus der Sender etwas sagt.

Problematisch	Erfolgreich
Nur wortwörtlich zuzuhören, heißt, die Stimmlage zu überhören, versteckte Botschaften und Aufforderungen zu überhören, solange sie nicht direkt geäußert werden. Wenn man es damit übertreibt, klingt man unsensibel und wenig einfühlsam.	**Bewusst nur auf das Wortwörtliche zu achten ist sinnvoll, wenn der Gesprächspartner provozieren will. Tipp:** Was genau meinen Sie mit ...? Wie genau ...? Wann ...? Wer ...?
Nur den Appell zu hören, heißt, ständig auf der Lauer zu liegen, um zu erahnen, was der andere erwartet und was man für ihn tun sollte. Damit handelt man oft zu voreilig, tut Dinge, die noch gar nicht angesprochen wurden.	**Serviceorientiert sein, bedeutet wach zu sein für das, was der Kunde wünscht und erwartet. Gegebenenfalls fragt man nach mit:** Kann ich xyz für Sie tun? **oder der allgemeinen Form** Was kann ich für Sie tun ...?
Nur die Beziehungsbotschaft zu hören, heißt, ständig auf der Lauer zu liegen, ob der andere einen angreift, sich über einen stellt, sich für besser hält, ... Damit macht man es sich unnötig schwer, weil nicht alles so gemeint ist, wie es gesagt wird.	**Vorsicht mit dem Beziehungsohr. Im Service bewährt es sich, unempfindlich zu sein. Provokationen werden auf der Beziehungsebene gestartet. Wer das überhören kann, kontrolliert die Situation.**
Nur die Ichbotschaft zu hören, bedeutet, dass man sich fortwährend Gedanken darüber macht, wie es dem anderen gerade geht, wie er sich fühlt. Das ist zwar zuvorkommend und freundlich, wird aber oft ausgenutzt.	**Wenn der Gesprächspartner erkennt, dass Sie sich in ihn hineinversetzen können, wird er sich verstanden fühlen.** **Besser als** Ich kann Ihre Situation verstehen ... **ist:** Ich verstehe, dass Sie [Gefühl benennen] sind.

Ausreden und Notlügen
Sie sind in manchen Situationen hilfreicher und diplomatischer als die Wahrheit. Dass der Chef einen Außentermin hat, klingt besser, als dass er nicht gestört werden will, und wird für den Anrufer befriedigender sein. Dass das System abgestürzt ist oder gerade eine Besprechung ist, sind Standardausreden, die aber kaum nachprüfbar sind und hingenommen werden.

Faktor 6: Mustersituationen identifizieren

Der Italiener Vilfredo Pareto hat im 19. Jahrhundert festgestellt, dass 80 % des Volksvermögens im Besitz von nur 20 % der Bevölkerung waren. Die 80:20-Regel ist als Pareto-Prinzip bezeichnet worden, weil man feststellen konnte, dass sie in vielen Lebensbereichen gilt. In 20 % des Gesprächs werden 80 % der relevanten Informationen ausgetauscht. Das Pareto-Prinzip gilt auch für die Gesprächssituationen am eigenen Arbeitsplatz. Wenn man die entscheidenden 20 % unterschiedlicher Telefon-Situationen identifizieren kann, die musterhaft immer wieder auftreten, wird man 80 % der auftretenden Gesprächssituationen sicher meistern können. Es erfordert nur zwei Schritte:

1. Man muss sammeln, was die typischen Gesprächssituationen sind.
2. Man muss sehr genau analysieren, wie die unterschiedlichen Gesprächsprozesse verlaufen, und zwar unabhängig vom Inhalt.

Mitunter kann ein externer Moderator helfen, hierbei schneller Ergebnisse zu erzielen, weil beide Schritte einen unverstellten Blick auf die Situation erfordern. Die Arbeit lohnt sich, da man auf diese Weise „Gesprächsdrehbücher" erkennt, an denen man sein Verhalten entsprechend orientieren kann.

Faktor 7: Beschwerde- und Konfliktkompetenz

In Kapitel 5 wird der Umgang mit Beschwerdeführern ausführlich beschrieben. In diesem Abschnitt sollen vorab einige allgemeine Prinzipien einen ersten Geschmack geben, was sich in der Deeskalation von Konflikten bewährt hat.

1. Lassen Sie Gesprächspartner unbedingt ausreden.
2. Stellen Sie sicher, dass Sie den Gesprächspartner richtig verstanden haben.
3. Überhören Sie Angriffe so lange wie möglich.
4. Konzentrieren Sie sich auf die Lösungsfindung, nicht auf die Problemanalyse.
5. Achten Sie auf einen ruhigen Ton in Ihrer Stimme.

Faktor 8: Servicekompetenz

Auch am Telefon lassen sich die beschriebenen Serviceregeln umsetzen. Folgende Beispiele zeigen dies konkret.

Servicedimensionen	Beispiele
Fachkompetenz	◆ Zu den wichtigen und häufig gestellten Fragen Auskunft geben können ◆ Detailfragen beantworten können ◆ Antworten auf seltene Fragen griffbereit haben
Schnelligkeit	◆ Rasche Reaktionszeiten ◆ Nach dem dritten Klingeln abheben ◆ Erreichbar sein
Persönlich reagieren	◆ Den Namen der Person einfließen lassen ◆ Sich an Gesprächspartner erinnern ◆ Persönliches berücksichtigen
Verbindlichkeit	◆ Konkrete Zusagen machen ◆ Rückrufe anbieten ◆ Anruf-/Rückruftermine einhalten ◆ Bei Problemen mit Vereinbarungen Kontakt aufnehmen

Initiative	◆ Unterstützung (weiterverbinden, etwas nachsehen, etwas zusenden,...) anbieten, statt auf die Einforderung zu warten ◆ Fragen, wie man helfen kann ◆ Fragen, bis wann der Gesprächspartner etwas benötigt
Details beachten	Unter anderem: ◆ Stimmung des Gesprächspartners erkennen ◆ Besondere Kleinigkeiten erinnern ◆ Einen schwierigen Namen korrekt aussprechen ◆ Ein persönliches Detail des vorangegangenen Gesprächs aufgreifen
Ehrlichkeit	◆ Fehler, die unübersehbar sind, einräumen ◆ Zugeben statt Drumherumreden ◆ Eigene Grenzen offen ansprechen
Freundlichkeit	◆ Das Lächeln in der Stimme ◆ Die motivierte Begrüßung ◆ Den anderen zum Lachen bringen ◆ Sich interessiert zeigen
Geduld	◆ Ausreden lassen ◆ Anliegen und Fragen vorbringen lassen, auch wenn man schon weiß, worum es geht
Diskretion	◆ Vertraulichkeit explizit zusichern ◆ Kontrolle wichtiger Daten, bevor man in die Details geht ◆ Ein ruhiger Hintergrund – vor allem kein Lachen
Flexibilität	◆ Rückrufe anbieten ◆ Fragen, ob der Anruf passt oder ein anderer Termin besser wäre ◆ Engagement
Hilfsbereitschaft	◆ Selber nachsehen, statt zu sagen, „das müssten Sie doch haben." ◆ Statt „geht nicht!", das Bemühen zeigen, eine Lösung zu finden, selbst wenn es nicht geht

Faktor 9: Belastbarkeit

Wenn das Telefon zum zentralen Werkzeug des Arbeitsplatzes wird, wie es in Callcentern beispielsweise der Fall ist, ist auch die Belastung hoch, die vom ständigen Re-Agieren, von kurz getakteten Gesprächszeiten, ständiger Umstellung auf neue Gesprächspartner ausgeht. Unter solchen Bedingungen ständig konzentriert zu sein, gleich bleibend interessiert zu wirken und freundlich zu reagieren, stellt eine objektiv belastende Stresssituation dar. Wem es gelingt, mit den unveränderlichen Belastungen besser umzugehen, wird sich persönlich besser fühlen, kompetentere Telefonate führen und in der Rückwirkung weniger Stress erleben.

Die Wirkungen von Stress

Stressoren bewirken im Körper Stressreaktionen. Man kann drei Bereiche unterscheiden, in denen diese Stressreaktionen auftreten. Hinweise darauf, dass die eigene Belastungsgrenze überschritten ist und Stressoren körperliche Folgen haben könnten, liefern typische Symptome, wenn sie über eine längere Zeit zu beobachten sind:

Körperreaktionen und Gefühle	Verhalten	Gedanken
◆ Erhöhter Blutdruck ◆ Verdauungsprobleme ◆ Immunschwäche (starke Anfälligkeit für Infekte) ◆ Plötzliche allergische Reaktionen ◆ Leichte Reizbarkeit ◆ Niedergeschlagenheit ◆ Ängstlichkeit	◆ Verkrampftes Arbeiten ◆ Hektik ◆ Gereizte Kommentare ◆ Neigung, auf Pausen zu verzichten ◆ Fehlende Übersicht ◆ Essen während der Arbeit oder Appetitverlust ◆ Stress-Rauchen	◆ „Wieso immer ich?“ ◆ „Keiner hilft.“ ◆ „Das ist nicht zu schaffen.“ ◆ „Ich bin zu dumm dafür.“ ◆ „Schneller machen.“

Man kann in jedem der Bereiche, in denen Stresssymptome auftreten, mit dem eigenen Stressmanagement ansetzen. Bedenken Sie, dass dies nicht mit dem Ziel verfolgt werden sollte, die Belastungsgrenzen auszuweiten, um irgendwann noch größere Probleme zu bekommen.
Methoden des Stressmanagements beginnen bei kleinen Gewohnheiten:

- Bewusstes Abschalten bei Verlassen des Arbeitsplatzes
- Kleidung wechseln, wenn man von der Arbeit nachhause gekommen ist
- Rituale, um erst einmal zuhause anzukommen
- Am Arbeitsplatz eine persönliche, angenehme Arbeitsatmosphäre einrichten
- Arbeitspausen zum Abschalten nutzen
- Essen nicht am Arbeitsplatz und bewusst genießen
- Bewegung zwischendurch und in den Pausen

Berufliche und private Ressourcen kombinieren
Beruf und Privatleben stehen in Wechselwirkung miteinander. Wenn die Belastung in einem der Bereiche nicht im anderen abgefangen werden kann, dann schaukeln sich die Probleme gegenseitig auf. Wenn man im Privatleben nur auftanken muss, um die Arbeitsbelastung abzufedern, führt dies mittelfristig dazu, dass Familie oder Partner unzufrieden werden. Wenn man andererseits im Privatleben Ärger und Probleme hat, dann wird man vielleicht gereizter oder unkonzentrierter bei der Arbeit sein und dort Probleme bekommen. Aus diesem Grund ist eine zweigleisige Strategie erforderlich.

Arbeitsorganisation
Ein Teil der Belastungen am Arbeitsplatz ist manchmal auf eine schlechte Arbeitsorganisation zurückzuführen. Wer nicht konsequent zwischen dringlichen und wichtigen Aufgaben unterscheidet, neigt leicht dazu, Dinge zu erledigen, die Spaß machen. Leider sind das oft Aufgaben von geringer Wichtigkeit und geringer Dringlichkeit, die unnötig sind.

Faktor 10: Einstellungskontrolle

Einstellungen beeinflussen unser Verhalten. Als das MIHADES-Modell weiter oben vorgestellt wurde, sind die Zusammenhänge bereits erläutert worden.

Ich will hier einige Einstellungen vorstellen, die sich auf die Arbeit mit dem Telefon im Servicebereich beziehen. Ich habe in zahlreichen Seminaren, in denen es um die Steigerung der Servicekompetenz ging, immer wieder festgestellt, dass kompetentes Verhalten im Umgang mit den Kunden immer mit realistischen – im Gegensatz zu fantastischen – Einstellungen verbunden war.

> Realismus bezüglich der eigenen Einstellung bedeutet, Zusammenhänge so zu sehen, wie sie sind, sie zu verändern, wo dies möglich ist und zu akzeptieren, was nicht veränderbar ist.

Einstellungen sind dann hilfreich, wenn sie Ihnen helfen, Ihre Arbeit kompetent zu erledigen, mit den meisten Kunden gut zurechtzukommen und wenn Sie nach Feierabend nicht regelmäßig noch in einer mentalen Sonderschicht den vergangenen Arbeitstag aufarbeiten. Vielleicht bieten die folgenden Gedanken dazu Anregungen.

Telefonzeiten sind Teil der Arbeit

Telefonzeiten sind ein fester Bestandteil der Arbeit. Rechnen Sie einmal aus, wie viel Arbeitszeit pro Tag realistischerweise auf das Telefonieren entfällt. Man könnte beginnen, diese Zeit zu einer guten Zeit zu machen.

Das Telefon ist der Draht zum Kunden

Vergessen Sie bei allem Ärger über das Telefon nicht, dass es der Draht zur Außenwelt ist, Kontakt zu anderen Menschen, Zugang zu wichtigen, überraschenden Informationen.

Gut gelaunte Anrufer vermitteln gute Laune
Bringen Sie andere zum Lachen, denken Sie öfter an die netten Telefonate als an die ärgerlichen. Flirten Sie, wenn es das Gespräch netter macht und erleben Sie, wie Ihre Kompetenzen sich verbessern.

Kunden müssen nicht freundlich sein
Manch einer ärgert sich über das Verhalten der Kunden. Wären doch die Kunden freundlicher, dann wäre alles leichter. Kunden kann man nicht ändern – die Art, wie man auf sie reagiert, schon. Dazu muss man motiviert sein, selbst zu bestimmen, wie man sich fühlen möchte.

Kunden müssen Ihnen nicht dankbar sein
Service ist aus Sicht des Kunden „eingepreist“. Wenn der Kunde das Gefühl gewinnt, dankbar sein zu müssen, dann wird er andere Geschäftspartner suchen. Praktizieren Sie Service aus eigenem Interesse, um Kontrolle über den Gesprächsverlauf und über die eigenen Stimmungen zu gewinnen.

Manchmal ist die Belastung außerordentlich
Wenn die Belastung immer außerordentlich ist, dann wird es Zeit, etwas an den Umständen zu ändern. Wenn Belastungen manchmal außerordentlich sind, ist das normal. Jammern Sie nicht, sondern suchen Sie sich ein erbaulicheres Gesprächsthema.

Optimismus schafft eine bessere Laune
Optimismus statt Pessimismus und Misstrauen schafft die bessere Voraussetzung für eigenen Ausgleich. Sie entscheiden selber, worauf Sie Ihre Aufmerksamkeit richten. Wählen Sie einen Fokus, mit dem Sie Ihre Stimmung heben.

Lösungsvorschläge für die Umformulierungsübung:

1. Bitte verstehen Sie mich richtig.
2. Ich bin daran interessiert, in der Sache weiterzukommen.
3. Ich habe das unterstützend gemeint.

Lösungsvorschläge für die Übung zur serviceorientierten Sprache:

1. Ich werde diese Angelegenheit sofort erledigen, sobald die Unterlagen vorliegen.
2. [Sagen Sie gar nichts]
3. Ich werde nachfragen und dann wissen wir genau Bescheid.
4. Sobald die Unterlagen vollständig sind, kann das rasch erledigt werden.
5. Der Auftrag wird morgen sofort als Erstes erledigt.
6. Der Kollege XY ist im Außendienst. Was darf ich ihm ausrichten?
7. Das kann ich Ihnen aber schon in einer Woche sicher zusagen.
8. Er ist ganze drei Monate gültig.
9. Die gelben und blauen Modelle haben wir am Lager
10. Wir bekommen das XYZ schon am Freitag wieder.
11. Die Wege haben sich deutlich zu Ihren Gunsten verkürzt.
12. Es ist alles im Preis enthalten.
13. Verstehen Sie mich richtig.

4 Kundengespräche im Verkauf

Gesprächsphasen richtig steuern

Serviceorientiert zu kommunizieren ist im Kundenkontakt wichtig, aber oft nicht ausreichend. Geht es um Verkauf, muss man wissen und umsetzen, was im Verkaufsgespräch zum Erfolg führt. In diesem Abschnitt stelle ich Ihnen einige Tipps vor, auf die Sie achten sollten. Folgendes Schema verdeutlicht, wie der typische Ablauf eines Verkaufsgesprächs gestaltet werden kann.

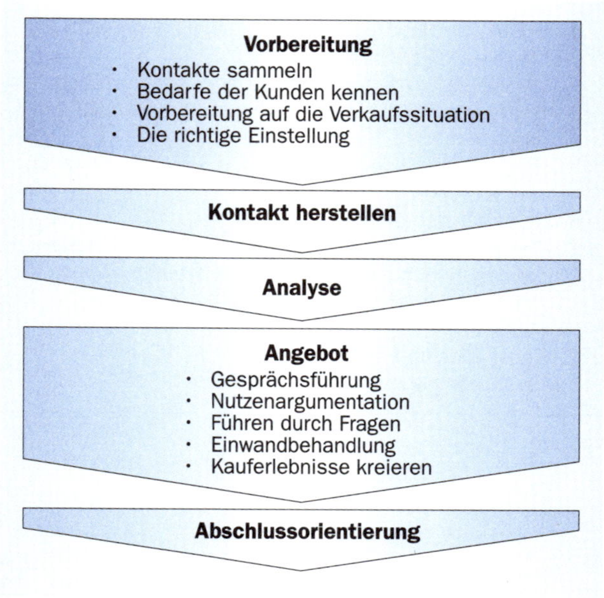

Die Phasen des Verkaufsgesprächs

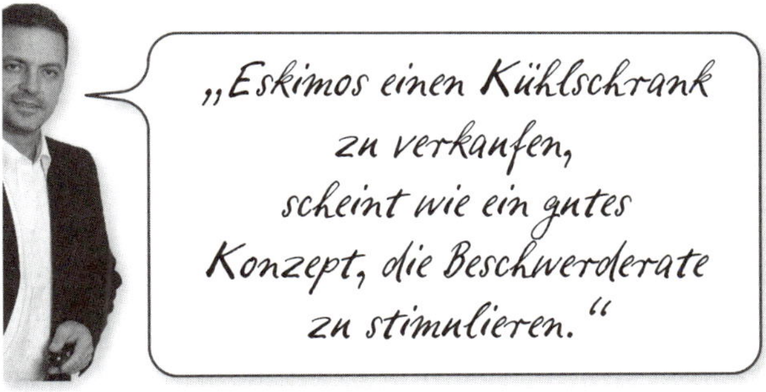

4.1 Vorbereitung

An erster Stelle steht die Fleißarbeit: die Vorbereitung auf den direkten Kontakt mit dem Kunden. Als notwendige Vorbereitung könnte man natürlich bereits das Einüben der Techniken, die im Laufe des Abschnitts vorgestellt werden, werten. Das versteht sich aber von selbst. Bevor man jedoch loslegt, den Hörer in die Hand nimmt und neue oder bestehende Kunden anruft, besucht, empfängt, sollte man sich einige Gedanken machen, um die Erfolgswahrscheinlichkeit des Verkaufsgesprächs zu erhöhen. Das erspart eine Menge vermeidbarer Frustrationen. Beginnen wir bei der Auswahl der Kontakte:

Kontakte sammeln

Wer selber initiativ werden muss, der kann sich an einschlägigen Quellen mit den nötigen Kontaktadressen versorgen. Menge ist das eine, die Qualität der Adressen ist das andere. So ist es erfahrungsgemäß leichter und vor allem Erfolg versprechender, wenn es einen Anknüpfungspunkt für den Erstkontakt gibt. Nutzen Sie zufriedene Kunden, Bekannte, Kollegen oder Geschäftspartner, um einen Kontakt anzu-

bahnen, oder fragen Sie sie um Erlaubnis, sich auf sie beziehen zu können.
Kontinuierlich Adressen potenzieller Kunden zu sammeln, sollte für Personen, die beruflich darauf angewiesen sind, zur Routine werden. Im Laufe der Zeit entwickelt man dann einen Blick dafür und es wird zur Gewohnheit, wenn man im Gespräch hinhört, Zeitung liest, Prospekte entdeckt, Broschüren durchblättert. Aber auch hier handelt man ökonomisch, wenn man unterscheidet, welche Adressen viel versprechender sind als andere, und auf welche Adressen man vielleicht gleich verzichtet. Es ist kaum möglich, allgemein zu sagen, was relevante Kriterien für eine solide Vorauswahl sind. Aber prüfen Sie, ob sich der Kontakt wirklich lohnt, ob der Kunde Erfolg versprechend ist, ob Sie und Ihr potenzieller Kunde wirklich zueinander passen.

Bedarfe der Kunden kennen

Bevor man den direkten Kontakt zum Kunden aufnimmt, kann man sich bei Unternehmenskunden über die Branche, die Marktlage, Wettbewerber, Zahl der Mitarbeiter, die Produkte oder Dienstleistungen des Kunden und vieles mehr bereits im Vorfeld informieren. Das Internet, Wirtschaftszeitungen und Magazine oder Broschüren der Unternehmen bieten diese Informationen. Wenn man soche Informationen geschickt einsetzt, erhöht man im Gespräch seine Aussichten, thematische Anknüpfungspunkte zu finden und als kompetenter Gesprächspartner wahrgenommen zu werden. Und wer mag nicht lieber mit einem Partner ins Geschäft kommen, der „Stallgeruch“ hat, also den Eindruck vermittelt, sich in der Branche auszukennen?
Da diese Vorbereitung Zeit kostet, scheuen viele den Aufwand und kontaktieren lieber ein paar Adressen mehr, in der Hoffnung, über die Masse die Erfolgswahrscheinlichkeit zu erhöhen.
Effektiv gewinnt man durch die Investition in die Vorarbeit, wenn man

- potenziell erfolgreiche Kontakte bereits vorselektiert hat,
- Kontakte zu potenziellen Kunden aus der gleichen Branche zusammenfasst und en bloc bearbeitet,
- realisierte Kontakte nutzt, etwas über die Branche, aktuelle Trends, drängende Fragen oder Probleme zu erfahren.

Sie werden überrascht sein, wie viele Kunden auskunftsbereit sind, wenn Sie Fragen stellen. So wird ein Kontakt zu einem Gewinn, selbst wenn nicht sofort ein Geschäft daraus wird.

Vorbereitung auf die Verkaufssituation

Zur Vorbereitung auf die Verkaufssituation gehört natürlich auch, dass Sie die Unterlagen und Materialien, die Sie im Gespräch benötigen, zugriffsbereit haben. Im direkten Kontakt spielt die äußere Erscheinung solcher Unterlagen genauso ein Rolle, wie Ihre eigene Erscheinung.
Einwände sind etwas, mit dem man im Verkaufsgespräch immer rechnen muss. Zur Vorbereitung gehört also auch, dass man auf Einwände, die typischerweise genannt werden, parieren kann (dazu mehr weiter unten). Muss man erst im direkten Kontakt überlegen und die passende Reaktion finden, hat man keine Kapazitäten mehr, das Gespräch zu steuern. Fragen zu Preisen, Honoraren oder Rabattierungen sollte man vorab geklärt haben. Ein „Hmmm ja, das liegt so in etwa bei..." muss der Gesprächspartner als Unsicherheit und Einladung zum Herunterhandeln verstehen.

Einstellungskontrolle

Die Einstellung, mit der man sich in das Verkaufsgespräch begibt, ist der vielleicht wichtigste Punkt der eigenen Vorbereitung. Ich unterscheide drei Arten von Einstellungen, hinsichtlich derer Sie sich selbst prüfen können.

1. Einstellungen zur eigenen Rolle als Verkäufer

Wenn Sie sich selbst als jemanden erleben, der eine Lösung anzubieten hat, der benötigt wird, der eine echte Hilfe bietet, werden Sie sich in der Rolle als Veräufer wohlfühlen und die notwendige Überzeugungskraft und Selbstsicherheit ausstrahlen, um einen potenziellen Kunden zum echten Kunden machen zu können. Menschen spüren, ob jemand hinter einem Produkt steht, ob er sich in seiner Rolle wohlfühlt und ob er Selbstvertrauen besitzt. Mit solchen Menschen mag man gerne Geschäfte machen.

Wenn Sie nicht im Brustton vollster Überzeugung sagen können, dass Sie gerne verkaufen, sollten Sie erwägen, in ein persönliches Coaching zu investieren, um die Blockaden auszuräumen, die Sie sich in den Weg legen und mit denen Sie sich bislang vom Erfolg abhalten.

2. Einstellungen zur Verkaufssituation

Für viele Personen – und vielleicht gehören Sie auch dazu – gehört es zu den unbeliebten Aufgaben, Kunden aufzusuchen, sie anzurufen, das eigene Produkt/Dienstleistung vorzustellen, „sich anzubiedern“ und „um einen Auftrag zu betteln“. Wenn man das unter Verkauf versteht, dann erklärt sich, dass man gerne andere Arbeiten vorzieht, dass man unmotiviert ins Gespräch einsteigt und dass man keine Energien mobilisieren wird, um den Gesprächspartner zu überzeugen. Diese Haltung erklärt auch, dass man zwischendurch mal wieder einige vollgepackte Akquisetage einlegt, um dann „in einem Rutsch“ eine große Zahl von Verkaufsgesprächen „hinter sich zu bringen“. Die unvermeidlichen, erfolglosen Versuche, die einfach dazugehören und die sich unter solchen Bedingungen natürlich häufen, bestätigen dann nur die vorher gefasste Meinung, dass Verkaufen ein hartes Geschäft ist.

Was kann man daraus lernen? Nun, sobald man Interesse, vielleicht sogar Spaß daran entdeckt, neuen Kunden sein Produkt/seine Dienstleistung als Problemlösung anzubieten, wird man routinierter und die Erfolgswahrscheinlichkeit steigt. Wenn man realistisch anerkennt, dass nicht jedes Verkaufsgespräch zum Erfolg führt, sondern dass naturgemäß nur ein geringer Anteil zu Aufträgen führen wird, bildet man eine neue Sicht aus: Man sieht nämlich nicht mehr das einzelne erfolgreiche oder weniger erfolgreiche Gespräch, sondern das Zusammenspiel von guter Vorauswahl, kritischer Masse und Erfolg.

3. Einstellungen gegenüber dem Kunden

Kunde ist nicht gleich Kunde. Es gibt Kunden, die bereits wissen, dass sie ein Produkt benötigen, andere hingegen benötigen es nicht und wieder andere benötigen es, ahnen das aber nicht einmal.
Dann gibt es Kunden, die sich das Produkt nicht leisten können, andere können es sich noch nicht leisten. Oder es gibt Kombinationen der Art, dass ein Kunde ein Produkt will, es aber gar nicht benötigt, oder dass er es um keinen Preis will, es aus Ihrer Sicht aber dringend benötigt.

All diese Unterscheidungen laufen darauf hinaus, sich klarzumachen, dass man auf unterschiedlich vorbereitete Kunden trifft und akzeptieren sollte, dass es diese Variationsbreite gibt, und dass Widerstände bei Kunden nicht persönlich gegen den Verkäufer gerichtet sind, sondern ein Ausdruck seiner ganz persönlichen Situation sind. Man macht es sich erheblich leichter, wenn man dies respektiert, wenn man bereit ist, auf die Beweggründe des Kunden einzugehen, und nach Wegen sucht, ihn durch eine überzeugende Argumentation zu gewinnen.

Und dabei lernt man, auf ein Nein des Kunden unterschiedlich zu reagieren. Man lernt, hinter den Einwänden der Kunden ihre innere Haltung zu sehen, dass manche Kunden mehr Argumente benötigen als andere und schneller zu erkennen, wann Verkaufsversuche geringe Erfolgsaussichten haben.

4.2 Kontakt herstellen

Am Anfang des Verkaufsgesprächs steht die Aufgabe, Kontakt herzustellen. Kontakt und Vertrauen bedingen sich gegenseitig. Das bedeutet, dass Vertrauen einerseits den Kontakt zum Gesprächspartner erhöht, andererseits besserer Kontakt zu höherem Vertrauen führt. Beides ist die Voraussetzung für den Verkaufsabschluss.
Was beeinflusst das Vertrauen? Glaubwürdig erscheinen, sympathisch wirken, Kompetenz ausstrahlen, das Eigeninteresse nicht verheimlichen und auch nicht durchdrücken, sind sicher wichtige Aspekte.

> Kontakt stellt man her, wenn man auf den Gesprächsparter eingeht, ihn einbezieht, ihn respektiert.

Vertrauen und Kontaktstärke kann man konkret beobachten. Achten Sie deshalb in Ihrem Verhalten auf Folgendes:

- Hören Sie dem Kunden aufmerksam und interessiert zu.
- Schauen Sie den Kunden freundlich an.
- Stellen Sie Fragen, um den Kunden einzubeziehen.
- Vermeiden Sie selbstdarstellerische Dialoge, aufdringliches Parfum und prahlerischen Schmuck.
- Lassen Sie im Gespräch Dinge einfließen, die zeigen, dass Sie den Kunden und seine Welt verstehen.
- Halten Sie Erklärungen knapp.
- Widersprechen Sie in Meinungsfragen nicht, sondern erkennen Sie an, dass es unterschiedliche Meinungen gibt.
- Bemühen Sie sich, die Welt aus der Haltung des Kunden zu verstehen.

4.3 Analyse

Ist der Kontakt zum Kunden erst einmal hergestellt, dann gehen viele Verkäufer schnurstracks in die Angebotsphase über, sie stellen also die infrage kommenden Produkte oder

die Dienstleistung vor. Das ist riskant. Einerseits ist zu diesem Zeitpunkt meist noch gar nicht klar, was der Kunde genau will, und worauf er besonderen Wert legt. Andererseits werden Kunden beim Kaufen von unterschiedlichen Motiven angetrieben. Und auch die Art, wie sie ihre Kaufentscheidung treffen, kann ganz unterschiedlich sein. Einige Variablen also, die vor der Präsentation des Produktes erfasst werden sollten, wenn es irgendwie möglich ist. Es gilt also zunächst, interessiert die Strategien des Kunden zu erkunden. Tut man dies nicht, bleibt der Erfolg der Kundenansprache in der Angebotsphase vom Zufall abhängig, weil man intuitiv dazu neigt, Produkte genau so zu präsentieren, wie man sie selber als Kunde gerne präsentiert bekäme. Das wird bei einigen Kunden genau passen, bei anderen hingegen nicht.
In der Anfangsphase wird der Einsatz der Fragetechniken (siehe Abschnitt Dialogführung in Kapitel 3, Seite 61) unverzichtbar sein, um einen möglichst genauen Eindruck zu bekommen, welches Produkt /welche Dienstleistung für den Kunden infrage kommt und welche Details ihn besonders interessieren und welche Kriterien für den Kauf entscheidend sind.

Kundenmotive erkennen

Menschen kaufen ein und dasselbe Produkt oder Dienstleistung aus unterschiedlichen Gründen. So kauft der eine einen bestimmten Rasenmäher, weil er mit dem Vorgängermodell zufrieden war. Der andere kauft das Modell, weil es ein ungewöhnliches Design hat, und der Dritte kauft es, weil es sich um ein Markenprodukt handelt, für das er gerne mehr bezahlt. Hinter diesen Kaufentscheidungen liegen offensichtlich unterschiedliche Beweggründe. Weiß der Verkäufer, welche Art von Beweggründen dies sind und woran er sie erkennt, dann kann er unterschiedliche Kunden flexibel ansprechen.
Häusel (2005) beschreibt ein sehr anschauliches Modell, in dem er erklärt, was die Antriebskräfte unseres Verhaltens

sind und wie wir Entscheidungen treffen. Er vertritt die These, dass unsere Entscheidungen im Wesentlichen emotional getroffen werden. Dabei treten drei Kräfte in Aktion, die bei allen Menschen vorhanden sind, die aber unterschiedlich stark ausgeprägt sind. Das macht die persönlichen Unterschiede aus.

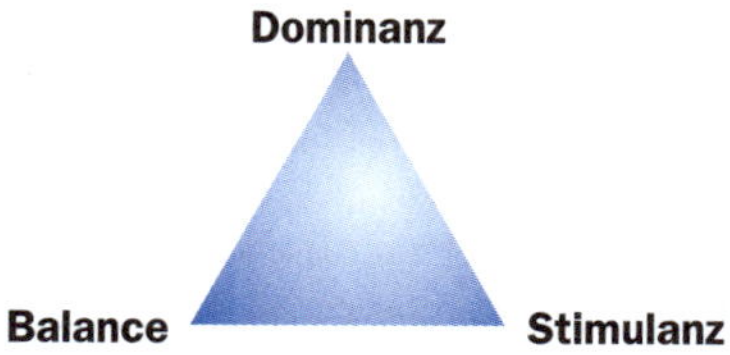

Grundmotive des Menschen nach Häusel (2005)

- Dominanz ist die Kraft, die uns aktiviert, die auf Machterwerb und territoriale Ansprüche gerichtet ist, zur Durchsetzung und Verdrängung aktiviert und unsere Autonomie sichert.
- Balance sorgt dafür, dass wir an Bewährtem und Gewohntem festhalten, Erreichtes sichern, uns nicht in Gefahr begeben, Stabilität anstreben, Energie sparen und Unsicherheit vermeiden.
- Stimulanz motiviert uns Neues aufzusuchen, Neues auszuprobieren, fordert nach Abwechslung, aktiviert uns im Falle von Langeweile.

Wenn Menschen ein Produkt oder eine Dienstleistung einkaufen, können sie das aus unterschiedlichen Beweggründen tun. Manche werden stimulanz-, andere dominanz-, wiederum andere eher balancemotiviert sein. Wenn man einem balancemotivierten Kunden sagt, dass es sich bei dem Produkt um eine ganz brandaktuelle Entwicklung des Unternehmens handelt, das einen ganz neuen Trends setzen wird, dann nutzt man die falschen Argumente, während ein stimulanzmotivierter Kunde genau das gerne hören würde.

Für einen Verkäufer ist es also durchaus wichtig, wenn er im Kontakt mit dem Kunden in dieser Phase möglichst viele Informationen sammelt, die erkennen lassen, welche Motive oder Motivkombinationen bei einem Kunden wichtig sind:

- Bereits die äußere Erscheinung kann erste Hinweise liefern.
- Welche vergleichbaren Produkte hatte der Kunde vorher?
- Welche Kriterien hat er damals der Kaufentscheidung zu Grunde gelegt?
- Was ist ihm beim aktuellen Kauf am wichtigsten?

Wenn man eine Idee gewonnen hat, was den Kunden am stärksten antreibt, dann kann man in der folgenden Angebotsphase die Verkaufsargumentation entsprechend aufbauen. Dazu muss aber erst einmal die Vorarbeit geleistet werden. Man muss nämlich sowohl balance-, als auch stimulanz-, als auch dominanzorientierte Argumentationen für das Produkt abrufbereit haben, auf die man dann zugreifen kann. Welche Argumente finden Sie, um Ihre Dienstleistung oder Ihr Produkt hinsichtlich jedem der drei Gesichtspunkte zu verkaufen?

Übung:

1. Suchen Sie sich ein Produkt oder eine Dienstleistung aus, die Sie verkaufen. Finden Sie Argumente für dieses Produkt, die Dominanz, Stimulanz, Balance zum Ausdruck bringen. Lassen Sie sich von den Begriffen zu Assoziationen anregen, die in den Kästen auf Seite 86 stehen.

2. Werfen Sie einen Blick auf die Produkte oder Dienstleistungen, die Sie verkaufen. Welche Motive werden durch sie besonders angesprochen?

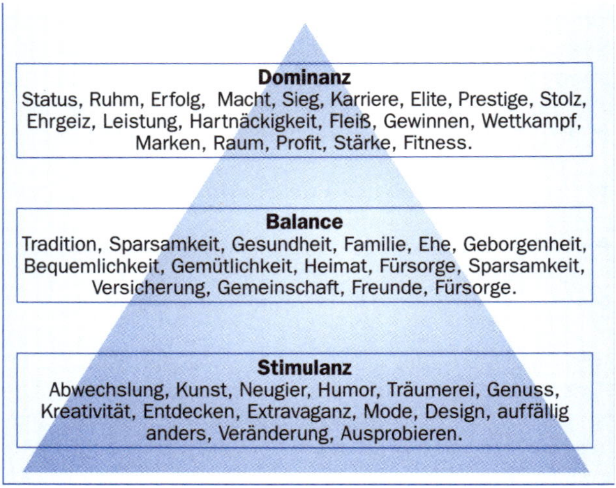

4.4 Angebot

Nachdem Sie einen genauen Eindruck haben, was der Kunde will und was ihn zu seiner Entscheidung führt, können Sie in die Angebotsphase übergehen. Sie machen das Produkt oder die Dienstleistung schmackhaft. Eine Besonderheit stellt die Akquise von Neukunden am Telefon dar, da man dort gar keine Gelegenheit hat, erst eine ausführliche Analysephase durchzuführen. Deshalb gilt für diese Situation ganz besonders, dass die Vorbereitung so gut wie möglich sein muss, um schnell Anknüpfungspunkte zu bekommen.

Nutzenargumentation

Erfährungsgemäß fällt es vielen Personen schwer, ihr Produkt oder ihre Dienstleistung knapp und verständlich darzustellen. In der Regel wird der Fehler gemacht, Produkteigenschaften aufzuführen, nicht jedoch den Nutzen, den der

Kunde davon hat. Dass ein Auto ABS hat (Produkteigenschaft), sagt dem Kunden noch nicht, welchen konkreten Nutzen er im Straßenverkehr davon hat. Der Nutzen aber ist es, der unmittelbar die Neugier weckt. Auch bei den Serviceleistungen, die man anbietet, muss der Kundennutzen herausgestellt werden. Lassen Sie sich nicht davon täuschen, dass Sie als Experte Ihrer eigenen Produkte oder Dienstleistungen diesbezüglich vielleicht relativ konkrete Vorstellungen haben. Zeigen Sie dem Kunden diesen Nutzen auf.
Folgende Übung hilft Ihnen, eine Idee davon zu entwickeln, wie Sie Produkteigenschaften in Kundennutzen übersetzen. Wählen Sie zunächst ein Produkt oder eine Dienstleistung, die Sie anbieten, und sammeln Sie alle Eigenschaften, die charakteristisch sind.

Produkteigenschaft	**Übersetzer** Wählen Sie einen der Übersetzer. Formen Sie den Satz so um, dass er natürlich klingt.	**Kundennutzen** – den die Produkteigenschaft hat
	...was für Sie bedeutet, dass ...	
	...was Ihnen den Gewinn bringt, dass ...	
	... wodurch Sie Folgendes sparen ...	
	... womit Sie Folgendes erreichen werden ...	
	... was Ihnen die Sicherheit gibt, dass ...	
	... wodurch Sie wirken, als ob ...	
	... was Ihnen garantiert, dass ...	
	... was Folgendes verbessert: ...	
	... was eine Steigerung bewirkt, hinsichtlich ...	
	... und damit verhindern Sie, ...	
	... wodurch garantiert wird, dass ...	
	... und genau das erhöht ...	

Zielerreichung

Einige Verkäufer erkennen nicht, wann der Kunde Kaufsignale sendet und wie er es tut. Das ist, als ob man längst im Paradies angekommen ist, ohne es zu merken. Vielleicht kennen Sie das aus Kundensicht? Sie haben zu verstehen gegeben, dass Sie Kaufinteresse haben, aber der Verkäufer geht stoisch die gesamte Produktpalette durch oder ergeht sich sachverliebt in Detailbeschreibungen. Mit der Folge, dass Sie beginnen, sich zu langweilen oder Ihre Kaufabsicht noch einmal infrage stellen oder Sie als Kunde drängen – nicht der Verkäufer –, um Ihr Geld endlich auszugeben!
Das lässt den Verkäufer wenig kompetent erscheinen und mindert seine Effizienz erheblich. Das Ziel muss also sein, ganz konkrete, beobachtbare Signale zu identifizieren, anhand derer man erkennen kann, wann und wie genau ein Kunde sein Kaufinteresse signalisiert. Zeigt der Kunde diese Signale, erübrigt es sich, weitere Erklärungen, Alternativen oder neue Optionen ins Spiel zu bringen. Das erkennbare Kaufinteresse ist das Signal, die Entscheidung zu bestärken und die Abschlussphase einzuleiten.

Einwandbehandlung

Es sind wohl eher die ganz seltenen Situationen, in denen Sie ein Verkaufsgespräch führen, ohne dass der Kunde mindestens einen Einwand vorbringt, den Sie entkräften müssen. Einwandbehandlung gehört zu den Standardsituationen im Verkaufsgespräch. Umso schöner, dass die meisten Einwände vorhersehbar sind. Denn schon nach kurzer praktischer Erfahrung mit Kundengesprächen werden Sie 80 bis 90 Prozent aller Einwände mindestens einmal gehört haben. Sie können sich also darauf vorbereiten, indem Sie sich Gedanken machen, was Sie sagen, wenn ein bestimmter Einwand geäußert wird. Sehen Sie es einmal aus der Warte des Kunden: In gewisser Weise sind Einwände ein Test, der dem Kunden Sicherheit liefert, dass seine Entscheidung für ein

Produkt auch auf einem guten Fundament steht – wenn die Argumentation des Verkäufers überzeugend ist. Es gibt Einwände, die zu erwarten sind. Weiter unten sind einige davon aufgelistet – vielleicht kommen sie Ihnen bekannt vor. Ergänzen Sie Ihre eigenen. Machen Sie sich die Mühe, überzeugende Gegenargumente zu erarbeiten. Verbessern Sie Ihre Argumente, wenn Ihnen wirkungsvollere Formulierungen einfallen. Und stellen Sie sicher, dass Sie so vertraut mit den Gegenargumenten sind, dass Sie Einwänden im Schlaf begegnen können. Nur dann können Sie sicher und überzeugend auf den Kunden wirken.

Das Allerwichtigste aber ist, dass Sie bei Einwänden nicht in eine Widerstandshaltung gehen.

Verteidigen Sie sich nicht und diskutieren Sie nicht, sondern überzeugen Sie, am besten durch eine professionelle Argumentation.

Einwand	**Ihr Gegenargument**
Der Preis ist zu hoch.	
Wir gehen ein Risiko ein, uns an Sie zu binden, weil Sie noch nicht etabliert sind.	
Die Ausstattung des Produktes/Umfang der Dienstleistung ist zu gering.	
Die Lieferzeiten sind zu lang.	
Die Wettbewerber sind besser hinsichtlich	
Wir kennen Ihr Produkt noch gar nicht, und wissen nicht, ob es funktioniert.	
Ihr Produkt ist noch nicht am Markt etabliert (wir haben ein Risiko).	
Ihr Unternehmen hat zu wenig Referenzen.	
Wir sind mit unserem Geschäftspartner bisher zufrieden.	
Wir haben keine Sicherheit, dass Ihr Produkt/Ihre Dienstleistung uns messbaren Nutzen liefert.	

Kauferlebnisse kreieren

Verkaufsgespräche bieten auch die Chance, zur Inszenierung eines Kauferlebnisses zu werden. Wenn Sie Kunden bei sich empfangen können, haben Sie natürlich viel mehr Möglichkeiten, diese Idee umzusetzen, als wenn Sie eine Präsentation bei einem Kunden machen oder wenn Sie über das Telefon verkaufen.
Bedenken Sie, wie viel Mühe sich manche Unternehmen geben, Sie mit Beduftungsanlagen, durch geschickte Raumgestaltung, durch Hintergrundmusik, durch aktives Einbinden in eine Fantasiewelt zu entführen, die Sie zum Konsum anregen soll. Der Aufwand wird natürlich nur betrieben, weil Kaufentscheidungen emotional getroffen werden.
Dabei ist das Grundprinzip recht einfach und es kommt nur darauf an, die entscheidenden Parameter zu beeinflussen. Es lautet:

Sprich möglichst viele Sinne an

Was genau man dazu unternehmen kann, hängt vom Produkt und der gewünschten Wirkung ab.

Sichtbares
Am stärksten ist natürlich das Auge beim Kauf beteiligt. Zumindest ist das der Aspekt, der uns am leichtesten bewusst zugänglich ist. Also sollten alle für den Kunden sichtbaren Aspekte unterstützen, dass der Kunde überzeugende Hinweise erhält, dass der Kauf für ihn eine richtige Entscheidung ist.

Bedenken Sie zum Beispiel:
- Raumgestaltung und Ambiente
- Kleidung
- Auftreten
- Broschüren

Klänge

Wie sehr der Klang unser Kauferlebnis beeinflusst, kann daran ermessen werden, dass Unternehmen durch aufwändiges Soundengineering die Klänge von Autotüren, Motorengeräuschen, Toastern und vielem mehr bewusst gestalten. Dass Musik Stimmungen beeinflusst, wird jedem klar, der seine Lieblingslied spielt. Hintergrundmusik in den meisten Geschäften zielt genau darauf ab. Wenn sie mit Bedacht ausgewählt wird, dann kann sie nicht nur Stimmungen beeinflussen, sondern auch das Ambiente unterstreichen.
In den meisten Verkaufsgesprächen wird es kaum möglich sein, diesen Parameter zu verändern, außer vielleicht, wenn es darum geht, eine ruhige Gesprächsatmosphäre zu gestalten. Die Stimme des Verkäufers scheint der entscheidendste Aspekt zu sein, dem man sich in jedem Fall widmen sollte.

Aktives Erleben

Unser Erleben und unsere Erinnerungsfähigkeit werden umso stärker sein, je aktiver wir beteiligt sind. Dieses Prinzip kann man umsetzen, indem man überlegt, welche Möglichkeiten der Beteiligung des Kunden es gibt. Den Kunden etwas ausprobieren zu lassen, ihm das Produkt nicht nur zu zeigen, sondern es erleben zu lassen (z.B. bei Kosmetika, Probefahrt in einem Auto) und dieses Erlebnis zu inszenieren, schafft Erlebnisse, die nicht so leicht vergessen werden und auf der emotionalen Ebene eine Bindung herstellen. In diesem Sinne ist auch alles, was einen von der Masse der Mitbewerber abhebt und zu einem unerwarteten Neuigkeitserleben führt, einerseits hervorragend geeignet, die Erlebnishaftigkeit des Verkaufsgesprächs zu erhöhen. Gleichzeitig geht man natürlich ein gewisses Risiko ein, da das, was von der Masse abweicht, natürlich beim ein oder anderen Kunden Unsicherheit auslöst.

Geruch/Geschmack

Gerüche zur Beduftung der Verkaufsräume sind mittlerweile auch in vielen Geschäften die Regel. Man weiß, dass Geruchsverbindungen in unserem Gehirn sehr unmittelbare Auslöser komplexer Erlebnisse sind. Auch hier kann man sich wieder von der Industrie anregen lassen: Wenn Lederpolsterungen im Neuwagen erst den Dufttest bestehen müssen, warum nicht auch überlegen, wie man selbst mit Düften arbeiten kann. Wenn das Erste, woran Sie dabei denken, Ihr eigenes Parfüm ist, sind Sie schon auf dem richtigen Weg.

4.5 Abschluss

Erfahrene Verkäufer wissen, dass man nicht jedem Kunden alles verkaufen sollte, selbst wenn man könnte. Es ist ganz einfach so, dass ein zufriedener Kunde eher zum Folgekauf bereit sein wird als ein Kunde, der den Eindruck hat, ihm sei etwas aufgeschwatzt worden. So etwas kann auch schnell zur Negativ-Werbung werden.
Setzen wir also voraus, dass der Kunde Interesse an einem Produkt signalisiert hat. Dann geht es darum, den Abschluss einzuleiten. Hier einige Anregungen:

Bereiten Sie sich auf den Abschluss vor

Wenn man ein klares Ziel vor Augen hat, dann reist es sich leichter. Planen Sie den Abschluss ein. Viele Verkäufer denken gar nicht an den Abschluss. Sie denken nur an die Präsentation, also die Angebotsphase, und überlassen den Abschluss dem Zufall. Wenn Sie wissen, wo Sie hinwollen, dann haben Sie auch die Chance, geplant vorzugehen. Ihr Plan sollte also nicht beim Angebot Ihres Produktes oder Ihrer Dienstleistung enden, sondern bei Ihrer Vorstellung darüber, wie der Kunde mit dem Produkt oder dem Vertrag das Büro verlässt. Von dieser Vorstellung aus sollten Sie rückwärts planen, was erfüllt sein muss, damit es dem Kunden leicht fällt, Ja zu sagen.

Nehmen Sie der Kaufentscheidung die Bedeutung

Für die Kaufentscheidung ist es tödlich, wenn man

- den Kunden irgendwann mit der Frage „Wollen Sie es jetzt?“ fordert,
- plötzlich erforderliche Formulare herauskramt,
- schweigend langatmig Termine und Daten checkt,
- eine Schweigephase erlaubt, die dem Kunden Zeit zum Zweifeln einräumen,
- unnötige Ortswechsel vornimmt, die den Kunden aus der Kaufstimmung führen.

Deshalb sollte man vorab Maßnahmen vorbereiten, die den Abschluss einleiten und den Aufwand beim Abschluss minimieren. Man holt die Zustimmung zum Produkt durch frühe Zwischenfragen ein, hält Formulare schon in der Bedarfsphase bereit und trägt Daten ein. Man checkt zwischendurch schon einige Daten oder Termine am PC, während man dem Kunden erlebnisaktive Momente gestaltet, in denen er etwas probieren kann. Man vermeidet lange Schweigephasen, in denen man selbst aktiv ist und der Kunde nichts tut.

Wagen Sie es, die Kaufentscheidung nahezulegen

Viele Verkäufer warten grundsätzlich, bis der Kunde sagt, dass er zum Kauf bereit ist. Viele Kunden sind aber unsicher, und warten geradezu darauf, dass der Verkäufer ihnen die Kaufentscheidung erleichtert. Es geht darum, die Sicherheit zu vermittteln, dass sowohl die Wahl als auch der Moment genau richtig sind. Dazu muss der Verkäufer initiativ werden, bestätigen, auffordern, auf Nachteile einer Nicht-Entscheidung hinweisen und elegant die Formalia des Abschlusses einleiten können.

Schweigen Sie, sobald der Abschluss eingeleitet ist
Sorgen Sie dafür, dass Sie den Abschluss nicht zerreden. Wenn die Abschlussfrage gestellt ist, ist der Kunde aufgefor-

dert, sich zu entscheiden. Wenn man selbst zu sprechen beginnt, dann entbindet man den Kunden, diese Entscheidung zu treffen. Das ist fatal, weil das ganze Gespräch auf genau diesem Moment hinausläuft. Und es ist auch deshalb fatal, weil man selbst es verschuldet hat.

Jeder Abschlussversuch führt zum „Erfolg"
Jeder Abschlussversuch führt zum Erfolg, aber Erfolg bedeutet nicht immer, dass man ein Geschäft macht. Manchmal besteht der Erfolg darin, dass man lernen kann, worauf man in Zukunft noch genauer achten muss, oder darin, dass auf jeden Geschäftsabschluss eine Hand voll Fehlversuche kommt. Nicht jeder Abschlussversuch kann ein Geschäftsabschluss sein. Aber ob Sie aus diesen Erfahrungen Misserfolge oder Lernchancen machen, liegt bei Ihnen.

Seien Sie entspannt
Je sicherer und entspannter Sie den Kunden in die letzte entscheidende Phase führen, desto sicherer und entspannter kann er die Kaufentscheidung fällen. Wie sollte ein Kunde sich in seiner Entscheidung sicher fühlen, wenn der Verkäufer fahrig, nachdenklich, unsortiert, unvorbereitet, überrascht, unentschieden, unsicher wirkt? Trainieren Sie deshalb, wie Sie sich in der Abschlussphase verhalten. Engagieren Sie gegebenenfalls einen Coach, der Ihnen ehrliches Feedback und konkrete Tipps gibt, oder besuchen Sie ein passendes Seminar.

5 Umgang mit Beschwerden und Reklamationen

Grundlagen einer erfolgreichen Praxis

5.1 Wer redet schon gerne über Beschwerden?

Die Frage ist doppeldeutig – sie ist mit Blick auf die Kunden oder mit Blick auf die Unternehmen lesbar.

Kunden reden oft über ihre Beschwerden. Man geht davon aus, dass je nach Problem zehn bis 15 Personen direkt von der Beschwerde erfahren, mittelbar sicher noch mehr. Sich bei Freunden, Bekannten und Verwandten über den erlebten Ärger zu unterhalten, wird als anregend erlebt. Ist ein Kunde zufrieden, erfahren davon hingegen zwischen fünf und zehn Personen. Offensichtlich fehlt ihnen der Unterhaltungswert – ähnlich wie bei den täglichen Nachrichten.
Aber vor Ort, im Geschäft, im Kontakt mit dem Geschäftspartner oder am Telefon seine Beschwerde zu äußern, vermeiden Kunden oft. Wozu großes Aufsehen erregen? Sich womöglich noch rechtfertigen müssen? Die werden schon merken, was sie davon haben! Was soll ich denen sagen, da ändert sich sowieso nichts. Einige Kunden halten sich mit der Äußerung ihrer Beschwerden zurück, wie wir bei den Kundentypen verstehen gelernt haben. So entgehen den Unternehmen Informationen, die zur Verbesserung genutzt werden könnten. Man geht davon aus, dass sich hinter jeder geäußerten Beschwerde sechs weitere schwer wiegende und 20 bis 50 geringfügige Beschwerden verbergen. In zahlreichen Unternehmen unterschätzen Verantwortliche das Ausmaß unzufriedener Kunden, die nur darauf warten, dass ein attraktiver Wettbewerber es ihnen leicht macht, zu wechseln.

Die andere Blickrichtung der Eingangsfrage ist auf die Unternehmen gerichtet. Wer redet da schon gerne über Beschwerden? Ist es nicht Ausdruck einer mangelhaften Unternehmensführung, wenn man offiziell eingesteht, dass man sich mit Beschwerden auseinandersetzen muss? Und als Mitarbeiter muss man sich fragen, ob man überfordert ist, oder zu viele Fehler macht, wenn man offen zugibt, dass Beschwerden ein Thema sind, dem man sich widmen möchte. Wo nur der Erfolg zählt und Fehler tabuisiert werden, passen Beschwerden nicht so recht ins Bild.

Aber gewollt oder nicht gewollt: Beschwerden betreffen jedes Unternehmen. Wer mit Kunden zusammenarbeitet, der ist betroffen. Wer das Thema für irrelevant hält, klammert es wahrscheinlich bewusst aus. Dabei lohnt es sich, den Umgang mit Beschwerden zu professionalisieren, weil das Potenziale im Kundenkontakt erschließt. Untersuchungen legen nahe, dass die Kundenbindung sogar wächst, wenn ein Beschwerdeführer gut behandelt und zufrieden gestellt wird. Außerdem sind sie unerkannte Quellen, um den Service zu verbessern und profitable Kundenstrategien zu entwerfen. In der Mehrzahl der Beschwerdebearbeitungen scheint es jedoch so zu sein, dass die Frustration der Kunden eher noch ansteigt, weil Kompetenzen zur Beschwerdebearbeitung fehlen und nicht geschult werden.

Wie steht es um Ihre Beschwerdekultur?

Die folgende Checkliste gibt Ihnen die Möglichkeit, Stärken und Schwachstellen Ihrer Beschwerdekultur einmal unter die Lupe zu nehmen.

Geben Sie zu jeder Aussage den Grad Ihrer Zustimmung an.

-- entspricht maximaler Ablehnung

++ maximale Zustimmung

0 entspricht einer unentschiedenen Haltung

Aussagen zur Beschwerdekultur	**Grad der Zustimmung**				
	--	-	0	+	++
1. Zuständigkeiten der Beschwerdebearbeitung sind bei uns klar geregelt.					
2. Wie in unterschiedlichen Beschwerdesituationen vorzugehen ist, ist geregelt.					
3. Mitarbeiter wissen, welche Befugnisse sie haben, wenn es um Beschwerden geht.					
4. Es gibt Handlungsspielräume oder Budgets, über die man zur raschen Problembeseitigung ohne Rücksprache verfügen kann.					
5. Es ist in Ordnung, dass Fehler passieren, solange man sich verantwortlich fühlt.					
6. Fehler werden offen und vorwurfsfrei besprochen. Man ist an Verbesserung interessiert, nicht an Tätersuche.					
7. Es gibt Serviceversprechen, die auch eingehalten werden.					
8. Wir machen hinsichtlich der Kundenorientierung mehr, als wir offiziell versprechen.					
9. Es gibt Schulungen oder Ähnliches, um Mitarbeiter im Umgang mit schwierigen Kunden fit zu machen.					
10. Wir bemühen uns mehr um Lösungen als um Problem- und Ursachenforschung.					
11. Unser Blick ist nach vorne gerichtet: Wir überlegen, wie wir besser werden können.					
12. Wir sind an den Beschwerden und Problemen der Kunden interessiert.					

13. Wir versuchen, absehbare Probleme bereits im Vorfeld zu bedenken und zu minimieren.					
14. Wir vermeiden das „Wer ist stärker"-Spiel mit dem Kunden.					
15. Wir vermeiden die Verteidiger-Haltung und hören dem Kunden bei Beschwerden zu.					
16. Hin und wieder überlegen wir gemeinsam, welche Beschwerden auftreten und wie wir ihnen begegnen können.					
17. Wir haben schon unterschiedliche Konsequenzen aus wiederkehrenden Beschwerden gezogen.					
18. Es gibt Anreize, Beschwerden zufrieden stellend zu bearbeiten.					
19. Die Analyse von typischen Beschwerden hat schon zu konkreten nützlichen Veränderungen in unserem Haus geführt.					
20. Wir sind in der Regel über Aktionen und Veränderungen informiert, die im Kundengespräch thematisiert werden.					
21. Bei Fragen oder Problemen kann ich entsprechende Kollegen aus anderen Abteilungen unkompliziert kontaktieren.					
22. Der Vorgesetzte steht vor dem Kunden hinter den Mitarbeitern.					
23. Unterschiedliche Ansichten zwischen Mitarbeiter und Vorgesetztem werden nicht vor dem Kunden ausgetragen.					

Tipp

Sie können den Fragebogen als Diskussionsgrundlage nutzen, um in Ihrer Teambesprechung einen Eindruck von den unterschiedlichen Einschätzungen zu bekommen und gezielt Maßnahmen zur Verbesserung zu besprechen.

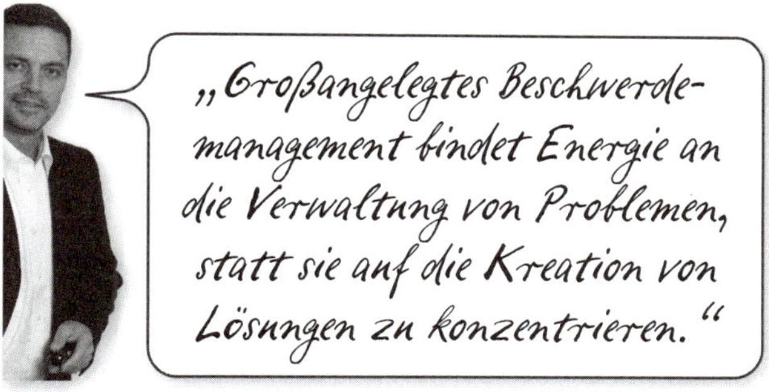

5.2 Geschickter Umgang mit Beschwerden

Im Folgenden stelle ich Tipps vor, wie man sich bei Beschwerden verhalten kann, um möglichst erfolgreich zu sein. Vorab will ich einige Grundüberlegungen vorstellen, an denen man sein Verhalten ausrichten kann. Diese Grundüberlegungen sind weitreichender als Verhaltenstipps und sollten bei der Beschwerdebearbeitung mit bedacht werden. Wenn man die Grundüberlegungen beherzigt, gibt man dem konkreten Verhalten sozusagen das Rückgrat, nicht gleich bei der ersten Schwierigkeit aufzugeben.

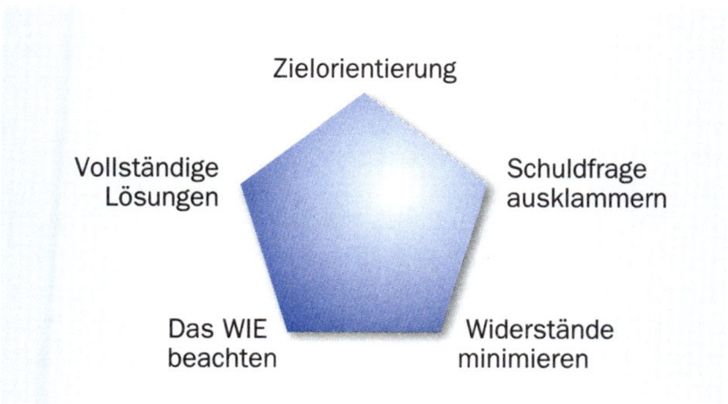

Orientieren Sie sich am Ziel, eine Lösung zu finden

Eine ausgeprägte Zielorientierung ist bei der Bearbeitung von Beschwerden außerordentlich wichtig. Die meisten Personen schaffen es zu Beginn vielleicht noch, den schwierigen Kunden ausreden zu lassen. Zieht sich dessen Beschwerde jedoch hin, nehmen Anklagen oder verdeckte Vorwürfe zu, dann unterbricht man doch plötzlich oder neigt zu Gegenvorwürfen. Passiert das, dann hat man sich von der Dynamik des Konfliktes mitreißen lassen und sein Ziel aus den Augen verloren. Zielorientierung bedeutet, dass man sein Verhalten konsequent daran ausrichtet, ob es der Bearbeitung der Beschwerde dienlich ist – nicht daran, ob das Verhalten einem persönlich gefällt. Das ist anstrengend, fordert zuerst, dass man Geduld mit sich selbst hat und bleibt eine fortwährende Herausforderung.

Gehen Sie nicht auf die Suche nach Schuldigen

Die Frage, wer Verursacher oder Schuldiger ist, spielt für die Menschen eine große Rolle. Allenthalben wird nach dem Schuldigen gesucht. Meistens wird auch einer gefunden, aber das ändert eigentlich nicht unbedingt etwas. Bei der Bearbeitung von Beschwerden steht die Frage unmittelbar im Raum. Viele Beschwerdeführer „freuen sich", dass sie einen Menschen vor sich oder am Telefon haben, dem sie das Problem schildern können, und neigen – man möchte sagen natürlicherweise – dazu, diesem auch die Schuld zuzuschreiben. Irgendjemand muss ja Schuld haben. Dass die Klärung der Schuldfrage meist komplex und deshalb nicht immer möglich ist, ist ein Aspekt.

Das Entscheidendere ist jedoch, dass die Klärung der Schuldfrage keine Lösung der Beschwerdesituation bewirkt. Ich empfehle, einen großen Bogen um das Thema Schuldfrage zu machen und sich stattdessen konsequent auf die Themen Lösungsfindung, Verbesserung, Zufriedenheit herstellen, einander entgegenkommen zu konzentrieren. Das beginnt bereits damit, dass man sich selber nicht angegriffen fühlt und sich klarmacht, dass man selbst meistens keine Schuld am Auslöser der Beschwerde hat, aber ein großes Interesse an einem konstruktiven Gespräch mit dem Gesprächsführer.

Reduzieren Sie die Anlässe für Widerstand

Jede Verhaltensweise, die dazu geeignet ist, die Widerstände des Gesprächspartners zu minimieren, vermindert die Gefahr der Eskalation im Gespräch. Jeder Mensch verfügt über Erfahrungen, aus denen er weiß, was dazu führt, innerlich Widerstand aufzubauen. Man muss sich diese Erfahrungen vielleicht in Erinnerung rufen, um zu wissen, was man vermeiden sollte:

- Ins Wort fallen,
- Drohungen, Belehrungen und Vorwürfe,
- Zwang,
- Schuldbekenntnisse einfordern,
- arrogant wirken: hochnäsig, kein Blickkontakt, abfälliges Lächeln, ironischer Ton,
- Abwertung: warten lassen, wegdrehen, übersehen, lautwerden, überreden.

In der Serviceuhr – die im folgenden Abschnitt auf die Bearbeitung von Beschwerden übertragen wird, sind Aspekte aufgeführt, die allesamt geeignet sind, Widerstände zu vermeiden. Überprüfen Sie ehrlich für sich, wie oft Schwierigkeiten bei der Beschwerdebearbeitung aus dem Grund entstehen, dass Sie selber Widerstand provoziert haben. Lernen Sie, das zu vermeiden.

Kontrollieren Sie unbedingt, WIE Sie reagieren

Es wird in jedem Ratgeber zur Kommunikation betont, dass die nichtverbalen Anteile der Kommunikation wie Stimme, Gestik, Haltung, Mimik entscheidender sind, als das, was wir sagen. Sobald Gesprächssituationen sich zuspitzen, und das ist in Beschwerdesituationen standardmäßig der Fall, ist die Sensibilität für Machtgebaren auf diesen Kanälen besonders ausgeprägt. Beschwerdeführer reagieren also besonders empfindlich, wenn die Stimme des Sachbearbeiters leicht genervt klingt, die Gesten etwas zu forsch sind oder die Mimik desinteressiert unfreundlich ist. Vergessen Sie nicht, dass die Art und Weise, wie Sie sich verhalten, das WIE, entscheidet, welche Wirkung Sie haben. Ein ehrliches Feedback von Kollegen oder im Seminar macht vielleicht verständlich, weshalb Sie bestimmte Reaktionen provozieren. Das ist zwar nicht immer angenehm, aber eine hervorragende Chance, mehr über sich und seine Entwicklungsmöglichkeiten zu erfahren.

Sorgen Sie für eine vollständige Lösung

Eine Beschwerdebearbeitung, die nicht konsequent zu Ende gedacht ist und halbherzig durchgeführt wird, hinterlässt eine schlechte Wirkung beim Kunden. Ganz oder gar nicht, heißt die Devise. Wenn man erst mit dem Kunden diskutiert, Ursachen des Problems erforscht und erfolglos die Schuldfrage zu klären versucht, um anschließend kulant entgegenzukommen, wird das am Ende keine bessere Wirkung haben, als wäre man dem Kunden gar nicht entgegengekommen. Dem fehlt die Konsequenz und Zielorientierung. Deshalb ist es hilfreich, sich einmal Zeit dafür zu nehmen, zu klären, wie man mit unterschiedlichen Beschwerden grundsätzlich verfährt.

5.3 Die Serviceuhr bei der Beschwerdebearbeitung

Es ist naheliegend, bei der Bearbeitung von Beschwerden auf die zwölf Serviceorientierungen zurückzugreifen, die in Abschnitt 2.1 vorgestellt wurden.

Wenn diese Dimensionen geeignet sind, Anregungen für das Serviceverhalten unter regulären Bedingungen zu geben, sollten sie auch bei den schwierigen Fällen, wie sie Beschwerden und Reklamationen darstellen, geeignet sein, eine bestmögliche Wirkung zu erzielen.

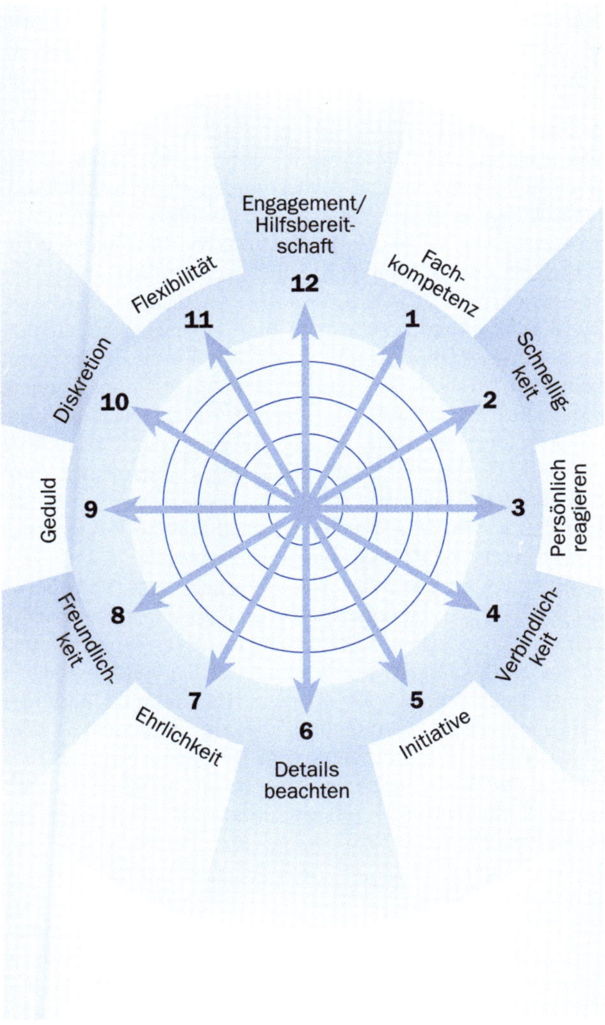

Die Serviceuhr bei der Bearbeitung von Beschwerden anwenden

Schauen wir uns im Einzelnen an, wie jede Servicedimension im Hinblick auf die Beschwerdebearbeitung konkret interpretiert werden kann.

1. Fachkompetenz

Ein inkompetenter Beschwerdebearbeiter wird auch durch noch so freundliches und zuvorkommendes Verhalten kaum einen guten Eindruck hinterlassen. Fachlich kompetent zu wirken, wird sich bei der Bearbeitung von Beschwerden natürlich also zunächst im ganz naheliegenden Verständnis des Wortes darin ausdrücken, dass man sachlich korrekte Auskunft geben kann. Dazu muss man einerseits die entsprechenden Ausbildungen und die erforderlichen Erfahrungen haben, andererseits sollte man notwendige Informationen, die geklärt werden müssen, sofort zugriffsbereit haben. Ein selbstsicheres Auftreten ist hier unverzichtbar, da unsicher wirkende Personen es erheblich schwerer haben, einen kompetenten Eindruck zu vermitteln.
Darüber hinaus ist es bei der Abwicklung von Reklamationen hilfreich, die Rechtsgrundlagen zu kennen.
Sicherheit wird auch dadurch vermittelt, dass Mitarbeiter bei der Bearbeitung von Beschwerden absolut sicher bezüglich des Prozedere sind. In gut organisierten Unternehmen ist eindeutig geregelt, wer was mit welcher Befugnis regeln kann, unter welchen Umständen Rücknahmen und/oder Umtausch möglich sind, und wie mit Gutscheinen oder Gutschriften verfahren wird. Muss ein Mitarbeiter in Fragen des Prozesses immer erst nachfragen, wirkt er dadurch wenig kompetent und unsicher, was ausbeuterisches Beschwerdeverhalten provoziert.

2. Schnelligkeit

Bei der Bearbeitung von Beschwerden gilt ganz besonders, dass Geschwindigkeit zählt. Es wird von vielen Beschwerdeführern als gutes Signal gewertet, wenn die Reaktion auf eine Beschwerde rasch erfolgt. Bei schriftlichen Beschwerden sollte deshalb sofort nach Eingang mindestens ein Emp-

fangsschreiben versandt werden, in dem angekündigt wird, dass man sich innerhalb einer Frist melden wird.
Bei der direkten Bearbeitung von Beschwerden kann man darauf achten, dass man einen engagierten Eindruck vermittelt, da das optisch signalisiert, dass man aktiv ist. Die gemächlicheren Arbeiter werden auch bei höchster Kompetenz schnell den Eindruck vermitteln, keinen vollen Einsatz zu bringen. Auch in der Sprache lässt sich das berücksichtigen. Wie im Kapitel zur Telefonkompetenz erwähnt, bewährt sich hier die gewohnheitsmäßige Verwendung der Worte „schnell", „sofort", „jetzt gleich" in Sätzen wie beispielsweise „Das werde ich sofort nachsehen".

3. Persönlich reagieren

Bei der Bearbeitung von Beschwerden empfehle ich, das Wort „persönlich" sehr ernst zu nehmen. Es bedeutet: persönlich erscheinen vor persönlich anrufen vor schriftlich reagieren. Diese Reihenfolge sollte unter Einbezug wirtschaftlicher Erwägungen eingehalten werden. In der Praxis zeigt sich immer wieder, dass Beschwerdegespräche leichter lösbar scheinen und weniger konfliktreich verlaufen, wenn an Vorgesetzte weitervermittelt wird – selbst wenn der scheinbare Vorgesetzte nur der Kollege im Nachbarbüro ist. Es zeigt sich auch, dass das rechtzeitige und freiwillige in Erscheinung treten oder die persönliche Entschuldigung des Geschäftsführers in schwierigen Situationen als besondere Wertschätzung verstanden wird. Man kann solche Effekte bewusst nutzen und inszenieren.
Auf der sachbezogenen Ebene wird eine Reaktion als persönlich erlebt, wenn die Person mit Namen angesprochen wird, wenn man Einzelheiten des Kunden erinnert (falls das möglich ist) und wenn man sich besonders bemüht, auf das Gesagte einzugehen (was immer möglich sein sollte!). Nehmen Sie auch in diesem Sinne sofort einen sehr persönlichen Kontakt auf, der vielen Beschwerdeführern noch vor dem ersten Wort den Wind aus den Segeln nimmt, indem Sie sich mit Händedruck freundlich persönlich vorstellen.

4. Verbindlichkeit

Verbindlichkeit kann man an zwei Aspekten festmachen: Nehmen Sie jede Beschwerde ernst. Auch wenn Sie persönlich das ein oder andere für lächerlich oder völlig indiskutabel halten, sollte Ihr Auftreten das nicht zeigen.
Wie Sie dann allerdings reagieren, dass ist eine andere Sache, und hier Punkt zwei: Legen Sie vorher fest, was machbar ist und was nicht machbar ist. Wenn Sie in der Situation erst entscheiden und womöglich vorher noch den Eindruck vermittelt haben, dass Sie die Beschwerde nicht ganz ernst nehmen, dann wirkt das Verhalten willkürlich. Wenn Sie sich die Beschwerde ernsthaft anhören, nachfragen und dann sachlich sagen, was (nicht) machbar ist, dann wirkt die Aussage unumstößlicher.

5. Initiative

Initiativ zu werden, setzt voraus, dass Zuständigkeiten geklärt sind, dass Prozesse bekannt sind, kurz, dass Mitarbeiter im Kundenkontakt wissen, wer für was inwieweit zuständig ist, wo diese Person erreichbar ist und in welchem Rahmen Entscheidungen von jedem getroffen werden dürfen. Im Beschwerdemanagement gibt es das Prinzip des complaint ownership. Es besagt, dass der Mitarbeiter Eigentümer (owner) der Beschwerde (complaint) ist, der zuerst von ihr erfährt. Er ist so lange für die Bearbeitung der Beschwerde verantwortlich, bis sie an die zuständige Person weitergegeben wird. Dieses Prinzip lässt sich nur leben, wenn man sich initiativ darum kümmert, eine Lösung für den Kunden zu finden.
Initiative ist aber natürlich auch da sichtbar, wo man nicht erst aktiv wird, wenn Beschwerden unübersehbar geworden sind, sondern wo man aktive Beschwerdestimulation betreibt, also dem Kunden leichte Wege eröffnet, seinen Unmut oder seine Anregungen zu äußern. Das ist aber nur in Unternehmen möglich, die eine Fehlerkultur haben und Fehler als Lernchance begreifen.

6. Details beachten

Details zu finden, die dem eigenen Umgang mit Beschwerden den letzten Schliff geben, gelingt, wenn Sie folgende Fragen kritisch prüfen:

- Wo werden unsere Beschwerden bearbeitet?
  Diese Frage lenkt den Blick auf die räumliche Umgebung, in der Beschwerden auflaufen und in der sie bearbeitet werden. Erlaubt die räumliche Umgebung die Umsetzung der übrigen elf Servicedimensionen?

- Wer bearbeitet die Beschwerden?
  Bereits unter Punkt 3 wurde zu diesem Thema etwas gesagt. Aber hier kann man noch genauer schauen. Warum sind es gerade diese Personen, die Beschwerden bearbeiten? Welche Motivation haben sie? Wie wirken diese Personen auf Beschwerdeführer und wie kann man diese Personen unterstützen, um die übrigen elf Servicedimensionen umzusetzen?

- Wie werden die Beschwerden bearbeitet?
  Wie ist das Verhalten der Personen in der Beschwerdebearbeitung zu beschreiben? Gibt es hinsichtlich der übrigen elf Servicedimensionen einige konkrete Verbesserungsmöglichkeiten?

- Wie lange dauert die Beschwerdebearbeitung?
  Hier geht es weniger darum, ob die Bearbeitung eines Beschwerdegesprächs standardmäßig innerhalb einer vorgegebenen Zeit erledigt wird. Vielmehr geht es um die Geschwindigkeit, mit der auf Beschwerden reagiert wird. Oder darum, wie schnell und leicht es einem Beschwerdeführer gelingt, seine Beschwerde zur richtigen Stelle zu bringen. Oder wie lange durchschnittlich auf eine Antwort gewartet werden muss. Gibt es Hindernisse, die eine schnelle Umsetzung der übrigen Servicedimensionen erschweren?

7. Ehrlichkeit

Bei der Ehrlichkeit kann wiederholt werden, was schon weiter oben bei der Vorstellung der Serviceuhr genannt wurde, nämlich dass es besser ist, unübersehbare Fehler zuzugeben, als zu versuchen, sie zu vertuschen, drumherum zu reden oder gar zu lügen. Ich kenne einige praktische Beispiele aus Organisationen, die insgesamt bestätigen, dass diese Strategien meist zur Verschlimmerung der Situation beitragen und in der Folge auch größeren Schaden nach sich ziehen. Dass Mitarbeiter aber auf solche Vermeidungsstrategien zurückgreifen, ist oft ein Ausdruck einer repressiven Unternehmenskultur.

Ehrlichkeit bei Fehlern sollte aber nicht als totale Ehrlichkeit missverstanden werden. Nicht nachweisbare Fehler oder von außen nicht erkennbare interne Probleme, die zu Beschwerden geführt haben, müssen auch nicht zugegeben werden. Diese Art von Ehrlichkeit wird nämlich leider von einigen Beschwerdeführern zu gerne ausgenutzt. In vielen Fällen ist eine glaubwürdige Notlüge hilfreicher, um das Vertrauen des Kunden zu bewahren.

8. Freundlichkeit

Freundlichkeit in der Beschwerdebearbeitung erschöpft sich nicht im künstlichen Dauerlächeln. Die Forderung, im Service alles ertragen zu müssen, ist nicht nur unerträglich für die Servicemitarbeiter, sie wirkt auch provozierend auf manche Beschwerdeführer.

Freundlichkeit sollte im Sinne einer geduldigen Zugänglichkeit für die Beschwerden verstanden werden, die Verärgerung hinnimmt, solange sie auf die Sache gerichtet sind und nicht entwertend auf die eigene Person zielen. In Abhängigkeit von den unterschiedlichen Kundentypen kann dies mal bewusst entgegenkommender und mal bewusst kühler ausfallen. Freundlichkeit dieser Art zu bewahren, selbst wenn Beschwerdeführer aufgebracht und angriffslustig auftreten, ist eine extreme Herausforderung. Das gelingt nur, wenn man die zu Beginn des Kapitels geäußerten Grundstrategien

tief verinnerlicht hat. Es gibt eine Haltung, die bei anbrandenden Vorwürfen helfen kann. Ich habe sie (Haeske, 2001) WIMSIDIR-Prinzip genannt. Das steht für: Wie ich mir, so ich dir. Wer sich selbst dem anderen gegenüber freundlich verhält, der kann sich selbst nicht vorwerfen und auch nicht vorwerfen lassen, unfreundlich gewesen zu sein – egal, wie das Gespräch endet.
In diesem Sinne ist es zum Beispiel tabu, Vorwürfe oder Belehrungen zu verwenden.
Es fällt leichter, dies umzusetzen, wenn man lernt, die Perspektive des Kunden einzunehmen, zu verstehen, dass jede Beschwerde aus der Sicht des Kunden subjektiv berechtigt ist. Darauf sollte die eigene Strategie zum Umgang mit diesem Kunden basieren.

9. Geduld

Geduld ist bei der Bearbeitung von Beschwerden eine unbezahlbare Kompetenz. Geduld befähigt dazu, den Gesprächspartner ausreden zu lassen. Es kann nicht oft genug gesagt werden, wie hilfreich das ist, um konfliktreiche Situationen zu entspannen und zu entschleunigen. Geduld befähigt auch dazu, Pausen zuzulassen und einzubauen.
Pausen haben eine unglaublich starke Wirkung, weil auch sie Situationen entschleunigen und weil sie Verfestigungen aufweichen können.

Wenn man in einem Beschwerdegespräch erkennt, dass man in eine Sackgasse gerät, dann bietet sich der Rückruf, das Rückversichern bei einem Kollegen oder Vorgesetzten, das Nachschlagen in einem wichtigen Dokument, der Rückruf bei einem Kontaktpartner oder Ähnliches an. Wichtig ist nur die Unterbrechung, von der die Pause eine Sonderform ist. Unterbrechungen sind auch Aufforderungen, den Platz oder den Raum zu verändern.
Solche körperlich-räumlichen Veränderungen erleichtern immer auch mentale Veränderungen.

Die vier Kundenbeschwerdetypen

Beziehungstyp

Beachten Sie ...

- Da Beschwerden Konfliktpotenzial bergen, werden sie dazu neigen, die Beschwerde gar nicht zu äußern.
- Dieser Kundentyp äußert seine Beschwerde fast entschuldigend und tritt eher unsicher auf.
- Ist schon mit wenig Entgegenkommen zufrieden.
- Wichtiger als finanziell großzügige Kulanzregelungen ist die Freundlichkeit, mit der auf den Kunden eingegangen wird.
- Diese Art von Kunden registriert Ungerechtigkeit oder schlechte Behandlung, toleriert das aber vergleichsweise lange, und wandert dann still und lautlos ab.
- Diese Art von Beschwerdeführern kann man durch besondere Reue wahrscheinlich wieder zurückgewinnen.

Unterhalter

Beachten Sie...

- Diese Art von Kunden liebt die Bühne und den Auftritt. Diese Art von Kunden äußert auch kleine Ärgernisse schnell.
- Machen Sie sich darauf gefasst, dass die Person nicht ein Ärgernis sondern eine Katastrophe erlebt hat. Nehmen Sie es trotzdem ernst.
- Diese Art von Beschwerdeführern redet mit sehr vielen Personen über das Erlebte. Hier lohnt also die erfolgreiche Bearbeitung besonders.
- Ein impulsives und hochfahrendes Auftreten wird bei diesem Beschwerdetyp wahrscheinlich sein. Beschwichtigen, Bedauern, Verständnis zeigen, Zuhören, Ruhe bewahren.
- Diese Art von Beschwerdeführern sagt Ihnen, dass er nie wieder etwas mit Ihnen zu tun haben will, meint es aber nicht unbedingt so.

Buchhalter

Beachten Sie...

- Diese Art von Beschwerdeführern wird eher dazu neigen, die Beschwerde erst einmal gar nicht zu äußern.
- Dieser Kundentyp redet wahrscheinlich mit relativ wenigen Personen über das Beschwerdeerlebnis.
- Diese Art von Kunden ist sensibel für Ungerechtigkeit oder schlechte Behandlung, schaut sich das kritisch schweigend dreimal an und wandert still und lautlos ab.
- Diese Art von Beschwerdeführern legt Wert auf eine gute inhaltliche Lösung. Die Verpackung ist weniger wichtig als der Inhalt.

Inspektor

Beachten Sie...

- Dieser Kunde wird seine Beschwerde mit Sicherheit äußern.
- Dieser Kunde fordert Rechte und Pflichten ein – deutlich und bestimmt.
- Erwartet weniger Freundlichkeit, sondern eher Professionalität: Vorgehen nach klaren verbindlichen Regeln, sicheres Auftreten, unmissverständliche Positionen, überzeugt ihn mehr als die tatsächliche Lösung.
- Nettsein bringt hier wenig. Selbstbewusstes und korrektes Auftreten oder die sofortige Weiterleitung an den Vorgesetzten sind empfehlenswert.
- Tun Sie, was Sie in der Sache tun können, kommen Sie zu Punkt und Ende. Lassen Sie sich auf keine Diskussionen ein.
- Gehen Sie respektvoll mit dieser Person um. Dieser Typ straft Respektlosigkeit mit ernst zu nehmenden Drohungen.
- Diese Beschwerdeführer sagen Ihnen, dass sie nicht wiederkommen werden.

10. Diskretion

Einige Beschwerdeführer suchen die Bühne, um ihre Probleme vorzutragen. Sie können sie leichter „entwaffnen“, wenn Sie dafür sorgen, dass es keine Bühne und kein Publikum gibt, vor dem man sich profilieren kann. Viele Informationstheken sind aus diesem Grunde der falsche Ort, um Beschwerden entgegenzunehmen. Beschwerdeführer in eine diskrete Umgebung zu lotsen, ist aber auch für die ruhigeren Beschwerdeführer von Vorteil. Diese Art von Beschwerdeführern wird hier offener sein und sich geschützter fühlen. Das wird ein harmonischeres Gespräch unterstützen. Der dritte Vorteil liegt darin, dass ein diskreter Rahmen zur Beschwerdebearbeitung dem Unternehmen nützt, weil damit unnötige Negativ-Publicity vermieden wird.

11. Flexibilität

Flexibilität im Umgehen mit unterschiedlichen Beschwerdeführern ist sehr wichtig, weil schon die Vorstellung unterschiedlicher Kundentypen in Kapitel 3 deutlich gemacht haben wird, dass ein standardmäßiges Vorgehen bei allen Kunden zu vorhersagbaren Problemen führt. Die folgende Übersicht fasst einige konkrete Tipps zusammen, die bei der Beschwerdebearbeitung im Umgang mit den vorgestellten Kundentypen beachtet werden können.

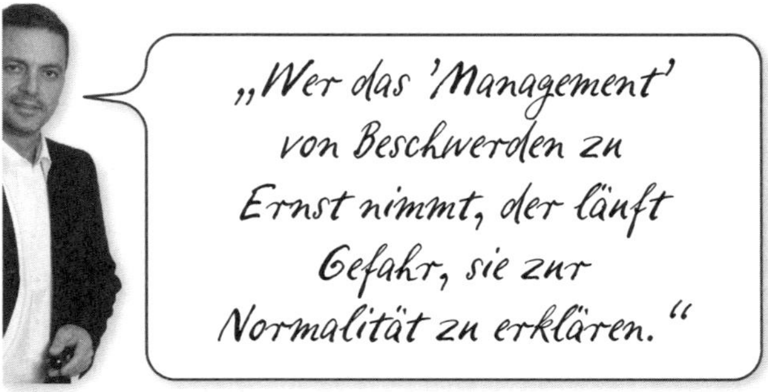

12. Engagement/Hilfsbereitschaft
Das Gegenteil von Engagement und Hilfsbereitschaft ist es, sich für die Bearbeitung von Beschwerden nicht zuständig zu fühlen, den Kunden etwas tun zu lassen, statt selbst zu tun. Solche Verhaltensweisen sind natürlich bestens geeignet, den Ärger des Beschwerdeführers zu verstärken.

Engagement und Hilfsbereitschaft bedeutet, sich zu kümmern, etwas zu tun, selbst aktiv zu werden, im Sinne dessen, was auch schon beim Thema Initiative erwähnt wurde, zum Problemlöser zu werden. Während Punkt 5 „Initiative" den Aspekt des Zuvorkommens betont, ist hier das „sich kümmern" gemeint: den Kunden nicht einfach zum Kollegen drei Regale weiter zu schicken, sondern ihn zu begleiten, Adressen oder Telefonnummern herauszusuchen und aufzuschreiben, nach Alternativen zu suchen, wenn eine Lösung im Sinne des Kunden nicht möglich ist und Ähnliches.

5.4 Die EVA3-Methode – Beschwerden erfolgreich bearbeiten

Nachdem nun eine Reihe von Details besprochen wurde, die im Sinne der Serviceuhr bei der Bearbeitung von Beschwerden berücksichtigt werden können, stellt sich die Frage, ob und wie man die Bearbeitung von Beschwerden systematisieren kann. Ich denke, dass das möglich ist. Die EVA3-Methode (ausführlich in Haeske 2001) kann als Leitfaden für die Gestaltung von Reklamations- und Beschwerdegesprächen und zum Verfassen der Beschwerde-Korrespondenz (siehe Abschnitt 5.5) dienen. In der Praxis hat sich die Arbeit mit diesem Modell bewährt.

Das strukturierte Vorgehen hilft einerseits, Misserfolge in der Beschwerdebearbeitung zu vermeiden, die durch ein unsystematisches oder intuitives Vorgehen nach Tagesform entstehen. Andererseits bietet das Modell auch Hilfe, wenn es darum geht, die exakte Schwachstelle beim eigenen Vorgehen zu entdecken, durch die man im Beschwerdegespräch Lösungen vereitelt.

In der Praxis muss man Formulierungen finden, die zum eigenen Charakter passen. Was ein Kollege sagt, ist nicht unbedingt das, was man selber in der gleichen Situation sagen kann, weil es aus dem eigenen Mund anders klingt und eine andere Wirkung hat. Deshalb ist es bei den Formulierungen sehr wichtig, herauszufinden, was für einen selber passt. Das ist in Seminaren durch persönliches Feedback vermittelbar, in Büchern nur ansatzweise. Das Vorgehen hingegen ist etwas Übergreifendes, das gewissermaßen unabhängig von der Person wirkt. Probieren Sie die EVA3-Methode (siehe Abbildung auf Seite 115) aus und lassen Sie sich vom Erfolg überzeugen.

EVA3 ist das Merkwort, mit dem man sich die Schritte des Vorgehens merken kann, die bei der Bearbeitung von Beschwerden und Reklamationen durchlaufen werden.

E:	**E**ntschuldigung	
V:	**V**erständnis zeigen	
A3:	A:	**A**nalyse der Beschwerde
	A:	**A**uflösung der Beschwerde
	A	**A**bschluss

Die ersten beiden Punkte beim Vorgehen nach der EVA3-Methode dienen dazu, den Kontakt zum Beschwerdeführer herzustellen und die Beziehungsebene zum Gesprächspartner aufzubauen. In den anschließenden Phasen von Punkt 3 bis 5 geht es auf der inhaltlichen Ebene um die Lösung der Beschwerde.

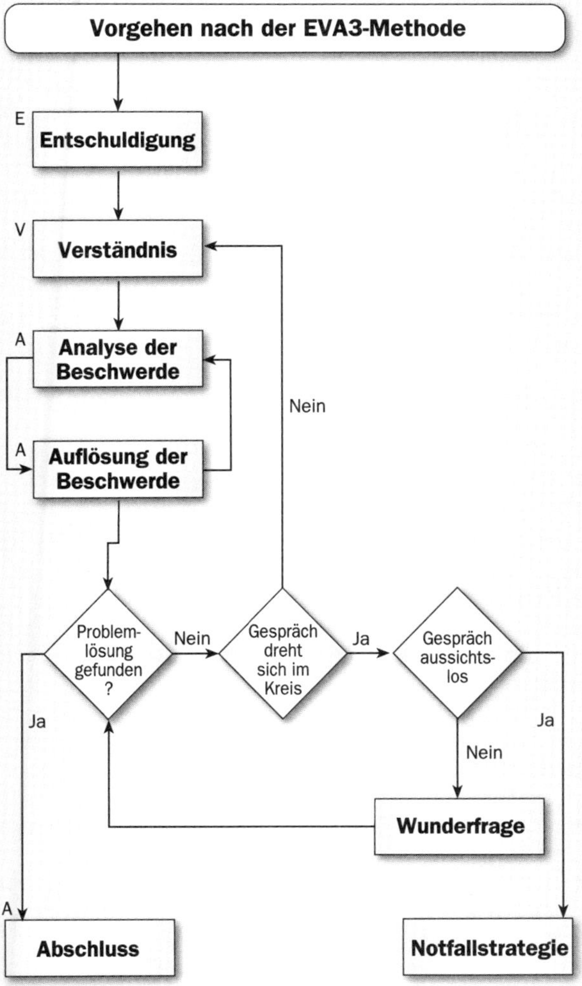

Beschwerde-Bearbeitung mit der EVA3-Methode

Schritt 1: Entschuldigung

Wie beim Verkaufsgespräch ist der Kontakt zum Gesprächspartner die Voraussetzung, Einfluss nehmen zu dürfen. Einen Beschwerdeführer zu beruhigen und mit ihm eine Lösung zu finden, ist ohne Kontakt nicht möglich. Die Entschuldigung für das, was der Beschwerdeführer kritisch anmerkt, ist in diesem Sinne kontaktherstellend, weil es keinen Widerstand, sondern ein Annehmen der Beschwerde bedeutet.
Bedenken Sie, dass es hier um ein professionell eingesetztes Verhalten geht, das ein eindeutiges Ziel hat: Kontakt herstellen, Offenheit und Lösungsbereitschaft zeigen und Deeskalation der Situation bewirken.

- Lassen Sie den Kunden ausreden und das Anliegen vollständig vortragen.
- Sagen Sie „Entschuldigung".
- Versuchen Sie, den Kundentyp zu identifizieren.
- Passen Sie Ihr Auftreten und Ihre Reaktion dem Kundentypen an.

Schritt 2: Verständnis zeigen

Die Entschuldigung werden Sie bei dem Beziehungstypen oder dem Unterhalter wahrscheinlich wiederholen, wenn Sie merken, dass es der Lösung dient. Jetzt geht es aber darum, auch Verständnis für die Beschwerde zu signalisieren. Ziel ist es, Vertrauen aufzubauen, um die Lösungssuche in den kommenden Schritten vorzubereiten.

- Lassen Sie den Beschwerdeführer ausreden, auch wenn er Sie unterbricht.
- Zeigen Sie durch „mmh", „ja" und Kopfnicken, dass Sie zuhören.
- Greifen Sie Formulierungen des Kunden auf.
- Sagen Sie, dass Sie verstehen, dass der Kunde sich xyz fühlt, wobei xyz für das Gefühl steht, das Sie bei ihm beobachten.

- Fühlen Sie sich von Ärger und Vorwürfen nicht angegriffen!

Schritt 3: Analyse der Beschwerdeursache

Jetzt müsste es Ihnen gelungen sein, den Kontakt zum Gesprächspartner aufgebaut zu haben. Sie müssen nun versuchen, herauszufinden, worin genau der Beschwerdeanlass liegt, was genau die Erwartungen des Beschwerdeführers sind. Da Kunden ihre Beschwerden in der ersten Erregung oft unklar oder missverständlich formulieren, sollten Sie sicherheitshalber nachfragen, um später genau auf sie eingehen zu können.

- Nutzen Sie Fragetechniken und aktives Zuhören, um der Beschwerde auf den Grund zu gehen.
- Wenn Sie die Beschwerdeursache kennen, dann gehen Sie zum nächsten Schritt über.
- Seien Sie nicht standardmäßig, sondern nur aus begründeter Erfahrung misstrauisch.
- Sagen Sie gegebenenfalls, dass Ihre Fragen der Lösungsfindung dienen.

Schritt 4: A wie Auflösung der Beschwerde

Erst jetzt ist der Zeitpunkt, eine Lösung zu finden. Vielleicht haben Sie die passende Lösung gleich zur Hand, vielleicht müssen Sie aber auch erst eine Lösung finden, weil es keine Standardsituation ist. Berücksichtigen Sie die Vorschläge des Kunden und begreifen Sie diese Phase als gemeinsamen Suchprozess, bei dem der Kunde einbezogen wird und immer wieder darauf hingewiesen werden muss, dass es um Lösungen (nicht Probleme) geht.
Mitunter müssen Sie klar sagen, wo die Trennung zwischen realistisch und wünschenswert ist.

- Denken Sie in Lösungen, nicht in Problemen.
- Vermeiden Sie Vorwürfe und Drohungen.
- Überhören Sie Angriffe.

- Arbeiten Sie mit Pausen, um die Wirkung Ihrer Vorschläge zu prüfen.
- Binden Sie den Beschwerdeführer mit Fragen ein.
- Legen Sie sich nicht zu früh auf eine Lösung fest.
- Verweisen Sie bei überzogenen Forderungen auf die negativen Konsequenzen, die Sie tragen müssen.

Schritt 5: Abschluss

Ein guter Abschluss hält das gemeinsame Ergebnis, das erarbeitet wurde, noch einmal fest. Dadurch vermeidet man, dass das Ergebnis für beliebig, selbstverständlich oder bloße Routine gehalten wird. In diesem Sinne sollte man auch mit Kompromissen und kleinen Annäherungen zufrieden sein können.

- Sagen Sie, wenn Ihnen die Hände gebunden sind.
- Sagen Sie, dass Sie alles tun, was in Ihrer Macht steht.
- Sagen Sie, wenn Sie an Vorgaben gebunden sind, die eine großzügigere Lösung verhindern.
- Sagen Sie, dass Sie in solchen Fällen allen Kunden gleich weit entgegenkommen.
- Sagen Sie, dass Sie sich freuen, dass Sie weiterhelfen konnten.

Was, wenn es kompliziert wird?

Im Idealfall wird es Ihnen gelingen, im einmaligen Durchlauf zum erfolgreichen Ende zu kommen.

Der Realfall wird vielleicht etwas komplizierter sein. Das mag etwas mehr Zeit erfordern, aber grundsätzlich können Sie sich an dem Schema orientieren, genau darin liegt sein Wert. Wenn Sie merken, dass Sie an einer Stelle nicht weiterkommen, dann kehren Sie auf die vorangegangene Stufe zurück.

Wenn Sie zum Beispiel beim Abschluss in Schritt 5 feststellen, dass das Ergebnis noch nicht zufrieden stellend ist, dann steigen Sie erneut in die Lösungsschleife ein.

Die Wunderfrage
Eine schwierige Situation tritt auf, wenn sich das Gespräch im Kreis dreht. Bemerken Sie das, dann sollten Sie aufhören, inhaltlich weiter zu diskutieren, da Sie unnötig Zeit verschwenden. Sie müssen den Verlauf des Gesprächs ändern.
Dazu schildern Sie zunächst, was Sie bisher alles Positives getan haben. Sagen Sie, dass Sie sich bemüht haben, zuzuhören, dass Sie Lösungsvorschläge gemacht haben.
Jetzt wird es allerhöchste Zeit, den Kunden aktiv einzubinden. Dazu stellen Sie ihm die Wunderfrage:

„Was schlagen Sie vor, wie wir eine Lösung finden?“

Hören Sie genau auf die Antwort und wiederholen Sie diese Frage gegebenenfalls freundlich, wenn das keine neuen Bedingungen schafft. Entweder Sie kommen jetzt inhaltlich weiter, oder Sie müssen erkennen, dass das Gespräch aussichtslos ist. In diesem Fall gehen Sie zur Notfallstrategie über.

Die Notfallstrategie
Die Notfallstrategie ist für den Moment gedacht, in dem Sie keinen Sinn mehr sehen, weiter miteinander zu sprechen. Zu diesem Zeitpunkt spüren Sie Folgendes:
Sie sind ratlos, weil alle bisherigen Lösungsversuche vergeblich waren. Gleichzeitig spüren Sie einen gewissen Druck, dass Sie noch weitere Lösungsvorschläge machen müssen, obwohl der Gesprächspartner gar nicht an einer Lösung interessiert scheint.

Tun Sie Folgendes:
Sagen Sie: „Ich bin jetzt ... (Gefühl benennen). Ich habe Ihnen vorgeschlagen ... (Aufzählen, was Sie bisher getan haben). Ich habe mich bemüht ... (Sagen, worum Sie sich bemüht haben). Ich werde das Gespräch jetzt beenden, weil ich keine Möglichkeiten mehr erkenne.“
Beenden Sie das Gespräch.

5.5 Beschwerde-Korrespondenz

Einen Beschwerdebrief zu formulieren, bedeutet für den Kunden einen noch größeren Aufwand, als sich persönlich oder telefonisch zu äußern. Schon deshalb sollte man sich die Bedeutung einer kompetenten Reaktion bewusst machen. Beachten Sie auch im Zusammenhang mit der Beschwerde-Korrespondenz noch einmal die einzelnen Punkte, die in der Serviceuhr zuvor beschrieben wurden.

Erforderliche Daten
Stammdaten oder Bewegungsdaten, die zur Bearbeitung und Zuordnung der Beschwerde erforderlich sind, sollten immer aufgenommen sein: Kundennummer, Aktenzeichen, Rechnungsnummer, Datum ...

1. und 2. Entschuldigung und Verständnis zeigen

- Bedauern ausdrücken.
- Zeigen, dass Sie die Lage des Kunden verstehen können.
- Nicht das Verständnis des Kunden fordern, sondern selber Verständnis zeigen!

3. Analyse und Argumentation

- Aufgreifen der Schilderung des Kunden.
- Sachliche, nachvollziehbare Argumentation, was, wie, warum passiert ist.
- Konkret machen, welche Konsequenzen man gezogen hat.

4. Auflösung – Angebot zur Lösung des Problems

- Darstellung der gewählten Lösung, die sich aus der Sachargumentation ergibt.
- Sehr deutlich machen, wie die Lösung dem Kunden dient.

5. Abschluss

- Aufgreifen positiver Erfahrungen des Kunden aus der Vergangenheit.
- Wunsch nach Zufriedenheit und langfristige Bindung des Kunden ansprechen.
- Gegebenenfalls Dank äußern, dass der Kunde so offen war.

Bei der Formulierung Ihrer Beschwerde-Korrespondenz können Sie sich an einem Aufbau orientieren, dem die Phasen der EVA3-Methode zu Grunde liegen (siehe nebenstehenden Kasten).

Halten Sie die Reihenfolge der Bausteine ein. Das gewährleistet, dass Ihr Schreiben in sich geschlossen erscheint und einen logischen Aufbau hat. Auf den folgenden Seiten stelle ich einige konkrete Formulierungsvorschläge als Anregung für Ihre Beschwerde-Korrespondenz vor.
Falls die schriftliche Bearbeitung mehrere Tage erfordert, sollten Sie Zwischenbescheide versenden, die den Eingang des Beschwerdeschreibens mitteilen. Geschieht diese Reaktion sofort, dann kann man bereits einen Pluspunkt für die unmittelbare Reaktion verbuchen.

Da solche Schreiben oder Faxe relativ kurz gehalten werden können, bieten sie sich als Standardschreiben an, die man am Tag des Beschwerdeeingangs versendet.

Hier einige Beispielformulierungen:

- Wir bestätigen den Eingang Ihres Schreibens vom xxx.
- Über den geschilderten Sachverhalt werden wir uns sofort informieren.
- Der geschilderte Sachverhalt wird derzeit geprüft.
- Wir sind dabei, die von Ihnen geschilderte Situation zu klären.
- Unsere zuständigen Mitarbeiter aus dem Kundenservice / der Produktion ... sind dabei, Ihren Sachverhalt zu bearbeiten.
- Bitte gedulden Sie sich ein wenig.
- Wir bitten Sie, sich noch einige Tage / bis zum xxx zu gedulden.
- Wir bitten Sie um etwas Geduld. Unser zuständiger Mitarbeiter/Abteilung wird sich spätestens bis xxx mit Ihnen in Verbindung setzen.

Textvorschläge für Ihre Korrespondenz

Die Vorschläge sollen Anregungen sein, die Sie in Ihre schriftlichen Reaktionen einbauen können. Wie mit mündlichen Formulierungen muss man eine Sprache finden, die zu einem persönlich und zum Unternehmen passt. Was dem einen noch freundlich erscheint, ist dem anderen vielleicht schon zu unterwürfig. Perfekte Lösungen oder Patentrezepte gibt es also nicht. Einige allgemeine Vorschläge dennoch:

- Haben Sie Mut, etwas freundlicher zu sein, als Sie es vielleicht intuitiv wären.
- Legen Sie sich Textbausteine an, damit Sie Briefe schneller schreiben können.
- Seien Sie vorsichtig mit Standardschreiben (außer bei der Erstreaktion) – sie wirken unpersönlich.
- Peppen Sie die Korrespondenz durch Zitate des Beschwerdebriefes auf.

Bei den folgenden Anregungen sind zum Teil Textvorschläge für berechtigte Reklamationen, Kulanzregelungen und unberechtigte Beschwerden aufgenommen. Wählen Sie das aus, was Sie benötigen.

Entschuldigung und Verständnis zeigen

- Ich bin Ihnen dankbar, dass Sie uns über diesen Vorfall informieren.
- Wir verstehen Ihren Ärger und bedauern außerordentlich, dass die angesprochenen Mängel aufgetreten sind.
- Wir bedauern sehr, dass diese Schwierigkeiten entstanden sind.
- Es tut mir sehr leid, dass Sie mit den ausgeführten Arbeiten nicht zufrieden sind.
- Es tut uns sehr leid, dass wir einen Fehler gemacht haben. Wir verstehen, dass Sie sehr wütend sind.
- Es ist ein Problem entstanden. Das tut uns leid, und wir verstehen, dass Sie sehr wütend sind.
- Es tut mir leid, dass das entstandene Arbeitsergebnis Grund zur Unzufriedenheit liefert.

Argumentation

- Sie schreiben zu Recht, dass „[hier Zitat]“, wo sich sagen lässt, dass ...
- Ich habe persönlich geprüft, wie „[hier Zitat]“ geschehen konnte, und habe festgestellt, dass ...
- Nachdem ich Ihren Brief gelesen hatte, habe ich mich sofort mit xyz in Verbindung gesetzt, und ...
- Selbstverständlich liefern wir Ihnen sofort Ersatz. Bedauerlicherweise ist der Fehler nicht von unserem Qualitätsbeauftragten bemerkt worden.
- Das von Ihnen beanstandete Verhalten war alles andere als korrekt. Wir entschuldigen uns dafür. Intern wurden bereits Konsequenzen gezogen, die ein wiederholtes Auftreten des Problems vermeiden sollen.
- Natürlich ersetzen wir Ihnen den Schaden in voller Höhe. Wir hatten an jenem Tag extrem viele Auftragseingänge und einen personellen Engpass. Der Fehler kann nur durch diesen Ausnahmezustand erklärt werden.
- Wir setzen alles daran, Termine verbindlich einzuhalten. Der Termin vom ... ist nie verbindlich festgelegt worden. Da wir auf Ihre Rückbestätigung gewartet haben und keine Antwort erhielten, ist ... Damit erklärt sich, dass die Terminüberschreitung andere als die beschriebenen Ursachen hat.
- Aus dem Brief vom ... geht klar hervor, dass ... Ihrem Wunsch entsprechend ... gemacht wurde. Aus diesem Grund bedauere ich, dass das Missverständnis entstand.
- In der Gebrauchsanweisung weisen wir unsere Kunden unmissverständlich darauf hin, dass bei Behandlung des ... durch/mit ... vergleichbare Schäden auftreten.
- Das Produkt hat unser Haus nach einer genauen Prüfung (durch Herrn X) verlassen. Laut Händlergarantie können wir keinen Umtausch vornehmen.
- Wir haben bereits am xxx die angesprochenen Mängel beseitigt. Herr X hat daraufhin im Gespräch mit Ihrem

Herrn Y deutlich darauf hingewiesen, dass die Ursache des Mangels darin liegt, dass ...

Lösung des Problems

- Wir haben dazugelernt und bedanken uns für Ihren Hinweis. Um Sie für Ihre Mühe ein wenig zu entschädigen, haben wir für Sie eine kleine Wiedergutmachung beigefügt.
- Die Schulung unserer Mitarbeiter im Umgang mit dem Kunden ist seit langer Zeit fester Bestandteil der Unternehmenspolitik. Das von Ihnen beschriebene Verhalten ist unerklärlich. Damit dieser Vorfall ein Einzelfall bleibt, haben wir eine gezielte Wiederaufnahme des Themas mit höchster Priorität versehen.
- Selbstverständlich übernehmen wir die entstandenen Kosten. Als kleine Wiedergutmachung haben wir ein Buch beigelegt.
- Eine Nachbesserung ist im vorliegenden Fall nicht möglich. Wir schlagen Ihnen deshalb eine Minderung von xxx Euro vor.
- Um Sie für den entstandenen Aufwand ein wenig zu entschädigen, haben wir für Sie eine kleine Wiedergutmachung beigefügt.
- Die professionelle Betreuung unserer Kunden steht im Zentrum unserer Unternehmenspolitik. Die von Ihnen beschriebene Situation ist unerklärlich. Wir wollen, dass dies ein Einzelfall bleibt und haben bereits intern mit entsprechenden Maßnahmen darauf reagiert.
- Selbstverständlich übernehmen wir dennoch die entstandenen Kosten. Als kleine Wiedergutmachung haben wir ... beigelegt.
- Nach eingehender Prüfung durch ... haben wir nun die Entscheidung getroffen ...
- Unserem Grundsatz, alle Kunden gleichermaßen gerecht zu behandeln, werden wir in der vorliegenden Situation am besten gerecht durch ...

- Unter den gegebenen Umständen kann eine Lösung durch eine Beteiligung an den entstehenden Kosten gefunden werden. Wie bieten Ihnen an, ...
- Manche Situationen sind verfahren. So scheint es im vorliegenden Fall. Die einzige, uns möglich erscheinende Lösung ist ... **Abschluss**
- Ich würde mich freuen, wenn Sie uns mit Blick auf die langjährige Zufriedenheit / langjährige gute Zusammenarbeit die Chance geben ...
- Sobald die Nachlieferung bei uns eingetroffen ist, werden Sie von uns unmittelbar informiert.
- Unser Servicemitarbeiter wird sich noch in dieser Woche mit Ihnen in Verbindung setzen, um einen passenden Termin zu finden. Wir werden den Fehler so rasch wie möglich beheben.
- Wir hoffen, dass Sie trotz des bedauerlichen Falles mit unseren Produkten grundsätzlich zufrieden bleiben und wir Sie auch weiterhin als Kunden begrüßen dürfen.
- Wir schätzen Sie als langjährigen Kunden und hoffen, dass Sie uns den entstandenen Ärger als einmaligen Fehler nachsehen.
- Wir hoffen, dass Sie die vorgeschlagene Lösung zufrieden stellt.
- Unser Servicemitarbeiter wird sich gerne mit Ihnen in Verbindung setzen, um Ihnen konkrete Tipps zu geben, die ein Wiederauftreten des Problems verhindern.
- Fehler können entstehen – trotz aller Bemühungen. Wir hoffen, dass es uns auf diese Weise dennoch gelingt, Ihr Vertrauen zurückzugewinnen.
- Wir erwarten nicht, dass Sie die vorgeschlagene Lösung zufrieden stellt, bitten Sie jedoch aus den genannten Gründen um Verständnis.
- Wir schätzen Sie als langjährigen Kunden und hoffen, dass Sie unsere Handlungszwänge verstehen.

Literaturverzeichnis

Bruhn, M.: Kundenorientierung. München 2007

Haeske, U.: Erfolgreich telefonieren im Beruf. Weinheim 1999

Haeske, U.: Beschwerden und Reklamationen managen. Weinheim 2001

Haeske, U.: Kommunikation mit Kunden. Hörbuch. Berlin 2009

Häusel, H.-G.: Think Limbic. Freiburg 2005

Hentschel, B.: Multiattributive Messung von Dienstleistungsqualität. In Bruhn, M. & Stauss, B., Dienstleistungsqualität. Wiesbaden 1991

Kenzelmann, P.: Kundenbindung. Berlin 2008

O´Connor, A.: Die Platin-Regel. Frankfurt am Main 1997 (vergriffen)

Satir, V.: Selbstwert und Kommunikation. Stuttgart 2009

Schulz v. Thun, F.:Miteinander reden. Reinbek (verschiedene Ausgaben erhältlich)

Stauss, B; Seidel, W.: Beschwerdemanagement. München 2007

Treacy & Wiersema: Drei Wege zur Marktführerschaft. Harvard Business Manager 03, Hamburg 1993 (vergriffen)

Stichwortverzeichnis